「学びの責任」は誰にあるのか

「責任の移行モデル」で授業が変わる

ダグラス・フィッシャー＆ナンシー・フレイ
吉田新一郎 訳

新評論

訳者まえがき

一九八〇年代の前半まで、私も講義形式で教えていました。単純に、その方法しか知らなかったからです。しかし、同時期にヨーロッパで開発教育（ＥＳＤ）を実践している人たちとの交流を通して、講義形式よりもはるかに効果的なワークショップという方法があることを体験しました。当時、「ワークショップ」と言ってもピンと来る人が少なかったこともあり、「参加体験型の学び」と呼んでいました。

さて、一〇年ほど教員研修としてワークショップを提供する過程で、日本の先生方は真面目でいい人たちばかりなのに、教科書をカバーする教え方はできても、生徒たちを自立した学び手にするための方法はもち合わせていないことに気づきました。と同時に、ワークショップ形式で行う研修のあり方にも疑問をもちはじめました。というのも、講師サイドが最初からシナリオをすべて決めており、受講者はそのレールの上をつつがなく「参加型」で楽しみながらこなしていくだけだったからです。

みなさん「アクティビティー（活動）は楽しかった」と言ってくれますが、講師を務める私には、やる前から結果がすべて分かっているのですから、なんら新しい発見と言えるものはありませんでした。

学ぶ側はもちろん、教える側も学び続けられるという、みんなが「自立した学び手」になる教え方・学び方はないのかと探しはじめたのは一九九〇年代の半ばでした。学び手の自立ということを考えたら、教師／講師は、どれだけ教えないか、もしくはどこで教えることをやめるかがポイントとなります。

それでは、生徒／受講者／参加者、そして教師や講師までもが自立した学び手になる方法はあるのでしょうか？　あるとすれば、それはどんな方法なのでしょうか？

約五年間かかって探しだしたのが、「ライティング・ワークショップ」と「リーディング・ワークショップ」、「一人ひとりをいかす教え方」、「PBL（探究学習）」、そして本書で紹介している「責任の移行モデル」でした。[1]

「責任の移行モデル」は、拙著の『「読む力」はこうしてつける』においてすでに紹介しましたように、もともと読む力をつけるための方法として考えだされたものです（図参照）。教師から子どもたちへの責任の移行は、以下の四つのステップで表すことができます。

①教師が焦点を絞った講義をしたり、見本を示したりする。（**焦点を絞った指導**）

②教師がサポートしながら生徒たちは練習する。（**教師がガイドする指導**）

③生徒たちが協力しながら問題解決や話し合いをする。（**協働学習**）
④生徒は個別に自分が分かっていることやできることを示す。（**個別学習**）

本書では、この四つの段階が詳しく説明されていますし、カッコ内に表したように、誰に責任があって行われる活動かを示す名称が繰り返し登場しますので、よく覚えておいてください。

とくに聞きなれない言葉は、二番目の「教師がガイドする指導」だと思いますが、これは、教師がガイド役を務めながらニーズや課題を同じくする少人数の子どもたちを集めて行う「ガイド読み

(1)「責任の移行モデル」以外の文献ついては、巻末の参考文献（日本語版）をご覧ください。

図　「責任の移行」＝Gradual Release of Responsibility モデル

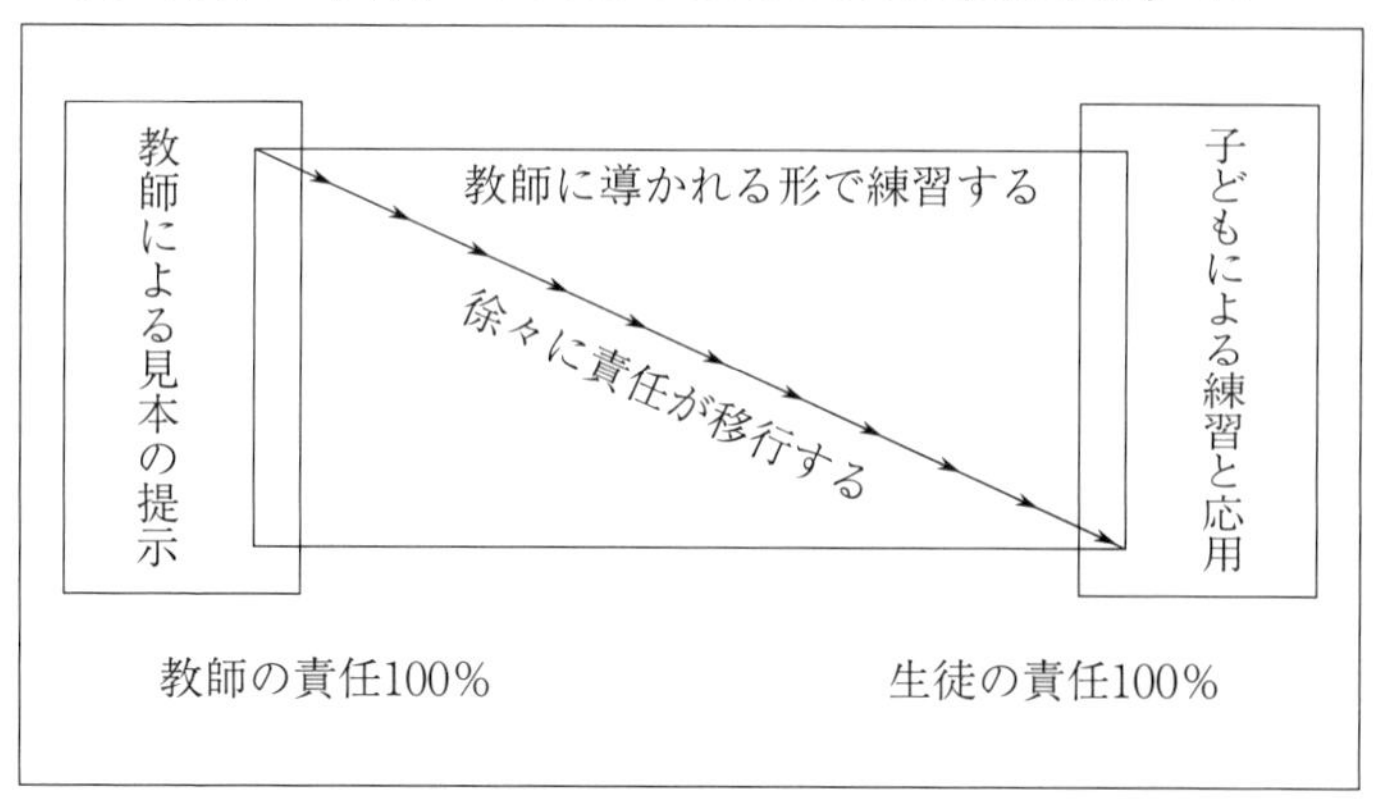

出典：The Instruction of Reading Comprehension, Contemporary Educational Psychology, Pearson, D. & Gallagher, M. 8 (1983), pp.317-344を参考に筆者作成

（guided reading）」という教え方に由来しています。それがあまりにも効果的だったので、「ガイド書き」も行われるようになったほか、他の教科でも行われるようになっています。

なお、注意していただきたいのは、これらは①から④と順番に行うものでも、常にクラス全員を対象にして、同じ段階の活動をさせるものでもありません。たとえば、②番目の「教師がガイドする指導」をするためには、「①焦点を絞った指導」が終わっていることが前提となりますと同時に、クラスの大半の生徒が「③協働学習」か「④個別学習」に取り組んでいることも前提となります。そうでないと、教師は少人数（二〜六人）の生徒たちを集めて、一〇〜一五分の「教師がガイドする指導」を行うことはできません。

この四つの段階で、教師と生徒が具体的にしていることをまとめたものが左ページの**表**です。「責任の移行モデル」が、読み・書きの分野だけでなく他教科でも使われるようになったことは前述しましたし、本書においても数多くの事例が紹介されています。ここでは、本書ではいっさい触れられていない大切なことをお話ししておきましょう。

このモデルが、ある意味、日本ではほとんど使われてこなかったという事実です（紹介さえされてきませんでしたから、当然か！）。極めて常識的なステップなのですが、これら四つの段階をしっかり押えて行われている授業や研修（職場のＯＪＴを含めた）は皆無に等しいというのが日本の現状です。

表　「責任の移行モデル」の４段階における教師と生徒の役割

責任の移行の４段階	教師の役割	生徒の役割
焦点を絞った指導	・直接的な指導 ・目的やねらいの設定 ・見本を示す ・考え聞かせで自分の考えを示す	・よく聴く ・ノートを取る ・はっきりさせるための質問をする
教師がガイドする指導	・生徒と対話しながらの指導 ・生徒と一緒に取り組む ・質問、ヒント、指示をする ・追加の見本を示す ・ニーズが同じ生徒たちへのサポートをする	・質問したり、答えたりする ・教師ないしクラスメイトと取り組む
協働学習	・グループを確認して回る ・サポートをする ・曖昧な点をはっきりさせる	・グループのメンバーと協力して課題に取り組み、完成する ・まずは生徒同士で教え合う ・自分の学びや理解を強化する
個別学習	・フィードバックを提供する ・評価する（形成＞総括） ・理解のレベルを測定する	・一人で取り組む ・これまでの学びをいかして課題を完成する ・成果物への全責任を負う

出典：http://www.lake.k12.fl.us/cms/lib05/FL01000799/Centricity/Domain/49/Gradual_Release.pdf を参考に作成。

日本におけるこれまでの授業では、四つの要素のどれもが満足に行われてきませんでした。講義も焦点が絞られていたとは言えませんし、その後の練習も、数が勝負という様相を呈しています（質を大切にすべきなのに……）。

さらに、最近話題に上ることの多い「主体的・対話的で深い学び（アクティブ・ラーニング）」は「③協働学習」に焦点を当てがちとなっていますが、それだけを重要視しても残りの三つの要素がおろそかになっていては、よく学べない状態が続くことを約束しているようなものです。四つすべてがしっかりと押えられたら、文部科学省が言っている「主体的・対話的で深い学び」に向け、自動的に授業改善されていくとは思いませんか？　それとも、何か欠けているものがあるでしょうか、と私は思います。

研修に至っては、相変わらず長い講義が中心で、「焦点を絞る」という発想がまったくありません。「演習」と称してグループでの話し合いが導入されたとしても、人数が多すぎたり、単なるガス抜き的な話し合いをさせるだけで、課題を完成させたり、相互に教え合うという状況を見ることは極めて稀となっています。さらには、「教師がガイドする指導」や「個別学習」というものが最初から視野に入っていません。[2]

本書では、この四つの要素を、異なる教科の例をふんだんに挙げながら分かりやすく解説しています。また、それだけではなく、実践する際に遭遇するかもしれない課題などについても、丁寧に答える形で、読者が「責任の移行モデル」をすぐに実践できるように表しています。

これら四つの要素を、教師を含めた大人たちが身につけることができれば、生徒や受講者たちの学びの「質」と「量」は飛躍的に伸びることをお約束します。なお、「責任の移行モデル」に関する情報は、「Gradual Release of Responsibility」ないし「I Do We Do You Do」で検索すると、動画を含めて相当のヒット数が得られますのでご参照ください。

最後に、粗訳の段階で目を通し、フィードバックをしてくれた飯村寧史さん、大関健道さん、河村泉さん、都丸陽一さん、冨田明広さん、いつものことながら最善の形で日本の読者に読んでもらえるようにしてくれた武市一幸さんはじめとして株式会社新評論の関係者のみなさん、そして読んでくださるあなたに、心からの感謝を。

吉田新一郎

（2）検索エンジンで「PLC便り、教員研修の『誤解』を吹き飛ばす二つの表」を開いていただくと、教員研修が機能しない理由が分かるだけでなく、二番目の表からは、研修終了後のサポートやフォローアップが鍵を握っていることが分かります。つまり、「教師がガイドする指導」や「個別学習」ということです。これらなしで、どれだけたくさんの教員研修を実施しても効果を生み出すことは不可能です。教員研修を改善するためには、実施する研修の数を減らすと同時に、「教師がガイドする指導」と「個別学習」を提供する形で行うしかありません。

もくじ

第2章　焦点を絞った指導──目的、見本を示すこと、考え聞かせ、気づくこと　35

第3章 教師がガイドする指導——質問、ヒント、指示　71

第4章

第5章 個別学習――教えられたことを応用する　175

「学びの責任」は誰にあるのか——

「責任の移行モデル」で授業が変わる

Douglas B.Fisher & Nancy E.Frey
BETTER LEARNING THROUGH STRUCTURED TEACHING, 2/E

Translated and published by SHINHYORON CO., LTD with permission from ASCD. This translated work is based on Better Learning Through Structured Teaching: A Framework for the Gradual Release of Responsibility 2nd Edition by Douglas B. Fisher and Nancy E. Frey.

Japanese translation rights arranged with RUSSORIGHTS, LLC
Through Japan UNI Agency, Inc., Tokyo.

第1章 学校で学ぶこと、あるいは学ばないこと

学校においてもっとも重要な目的となっている「学習」は、とても複雑な行為と言えます。[1] それにしても、学習するとは一体どういうことなのでしょうか？　以下に挙げる学習することに関する定義と、それらが教えることに与える影響について考えてみてください。

・学習するとは、勉強したり、体験したり、教えられたりすることを通して知識やスキルを獲得することです。

（1）日本も含めて多くの国では、これまで「教える／学ぶ」ということをあまりにも短絡的に捉えてきました。つまり、教師が教えれば（話せば）生徒たちは分かり、かつできるものだと。しかし、実際はそんな単純なものではありません。本書以外にも、『ようこそ、一人ひとりをいかす教室へ』や『言葉を選ぶ、授業が変わる』および「作家の時間、オススメ図書紹介（教師用）」で検索して、リストアップされている本をぜひ読んでいただき、複雑性を踏まえた教え方／学び方への転換を図っていただければと思います。

・学習するとは、比較的永続的な変化を態度にもたらす体験のことです。
・学習するとは、体験の結果、神経機能に変化をもたらすことです。
・学習するとは、スキルや知識を獲得する認識のプロセス（過程）です。
・学習するとは、知的体系（脳）のなかに、たくさんの概念や反応の仕方を増やすことです。

これらの定義のなかで、あなたの考えにもっとも近いものはどれですか？　次は、以上のことも踏まえながら、あなたがどのように学習するかを考えてみてください。また、あなたが得意なことを思い浮かべてみてください。そして、そのスキルか態度をしばらく考えてみてください。

あなたはその能力をどのようにして身につけましたか？　新米から熟練のレベルにどのように移行しましたか？　単にそれをするように言われただけで、高いレベルのスキルを身につけたわけでないことは確かでしょう。事実、あなたには、見本やフィードバック、ピアサポート（同僚との助け合い）のほか、練習をする機会がたくさんあったのではないでしょうか。そして、時間とともに熟練度を増したのではないでしょうか。

あなたは、それを誰かに教えることによって自らの専門性をさらに伸ばしたかもしれません。このような学習のプロセスを説明するモデルは、一般的に「責任の段階的な移行（gradual release of responsibility）（以下、「責任の移行」と略）という指導の枠組み」と呼ばれています。

責任の移行

責任の移行という指導の枠組みは、認知的な負荷を意図的に、見本を示す教師から、教師と生徒が責任を共有する段階へ、さらに生徒の個別学習と応用段階へと徐々に移していきます（参考文献81参照）。そしてそれは、「課題を行うすべての責任を教師が担うことから、生徒たちが担う状況へ」移行することを教師に求めます（参考文献27参照）。

この段階的な移行は、一日、一週間、一か月、一年の期間内で起こります。ある研究者は次のように指摘しています。

「効果的な教え方は、教師が段階的に自分のすることを減らし、生徒たちが学習の責任をより多く担うように移行することである。生徒たちが段階的により多くの責任を担うこのプロセスによって、有能で自立した学習者になっていくのである」（参考文献50参照）

責任の移行という指導の枠組みは、最初は読むことの指導法として開発されました[2]。そこでは、

（2）「読む」ことの指導法として責任の移行モデルがいかに効果的かについては、『増補版「読む力」はこうしてつける』（八一～八四ページ）において、ナチュラル・ラーニング（自然学習）モデルとともに紹介しています。

訳者コラム　「責任の移行」の裏付けとなる理論

●（Jean Piaget（ピアジェ）, 1896～1980）20世紀において影響力の大きかったスイスの心理学者。「認知」とは、知覚、記憶、学習、思考などの基本的な機能を表しています。一方、心理学的な「構造」は、その構成要素が相互にダイナミックに働きかけ、影響しあうシステムであると考えられます。また「スキーマ」とは、人間の認知過程を説明する際に用いられる言葉で、ある物事に関する知識が集まってくると、それらに共通したものを抽出して一般的知識として捉えることが可能になる状態を言います。

●（Lev Vygotsky（ヴィゴツキー）, 1896～1934）旧ソ連の心理学者。「最近接発達領域」とは「zone of proximal development」の直訳で、「今日（自分よりできる誰かの）助けを借りてできたことは、明日は一人でできる」ことを指します。これを、読むことに焦点を当てた説明については、「WW 便り、ヴィゴツキー、なかなか読めない」を検索してください。

●（Albert Bandura（バンデューラ））スタンフォード大学で心理学教授を務めました。直接の体験だけでなく、むしろ他人の行動を意識的に観察し、マネすること（モデリング）で成立するとされる「社会的学習理論」のなかでは、「注意、保持、運動再生、動機づけ」がモデリングの四つの過程として位置づけられています。

●（Jerome Bruner（ブルーナー）, 1915～2016）米国の教育心理学者、認知心理学者。「足場かけ」とは、学習者が今どういう状態にあり、その発達の最近接領域がどこにあるのかを指導者が見極めて、最良の環境を与えることを指します。具体的には、子どもができるところには介入せず、できないことを補って発達の手助けをします。それによって遂行できるレベルの課題が与えられたとき、子どもの発達は自ずと起きるとされています。

次のような異なる理論が反映されています［左記の専門用語は**訳者コラム**参照］。

・ジャン・ピアジェの認知構造とスキーマ（参考文献82参照）
・レフ・ヴィゴツキーの最近接発達領域（参考文献94・95参照）
・アルバート・バンデューラの注意、保持、運動再生、動機づけ（参考文献7参照）
・ウッド、ブルーナー、ロスの足場かけ（scaffolding）（参考文献101参照）

以上のことをまとめると、これらの理論はすべて他者とのやり取りがあるときに学習が起こることを示唆しています。そして、そのやり取りが意図的なときに特定の学びが起こることを示しています。

残念なことに、責任の移行モデルによる実践の多くは、「私がします」「私たちはします」「あなたが一人でします」の三段階で教師と子どもとのやり取りが行われています。そこでは、子どもたちがクラスメイトと協力して学び合う「あなた方は協力してします」という、とても大切な段階が省略されています（八ページの**図1－1**と二七ページの**図1－4**を参照）。

協力して学び合うことは「協同学習」として効果が明らかにされていますが、それだけに特化した実践として紹介されています⑶。つまり、授業計画のほかの側面と切り離されているのです。

責任の移行モデルをより望ましい形で実践するのであれば、学習は行ったり来たりするという

図1－1　効果的な指導の枠組み

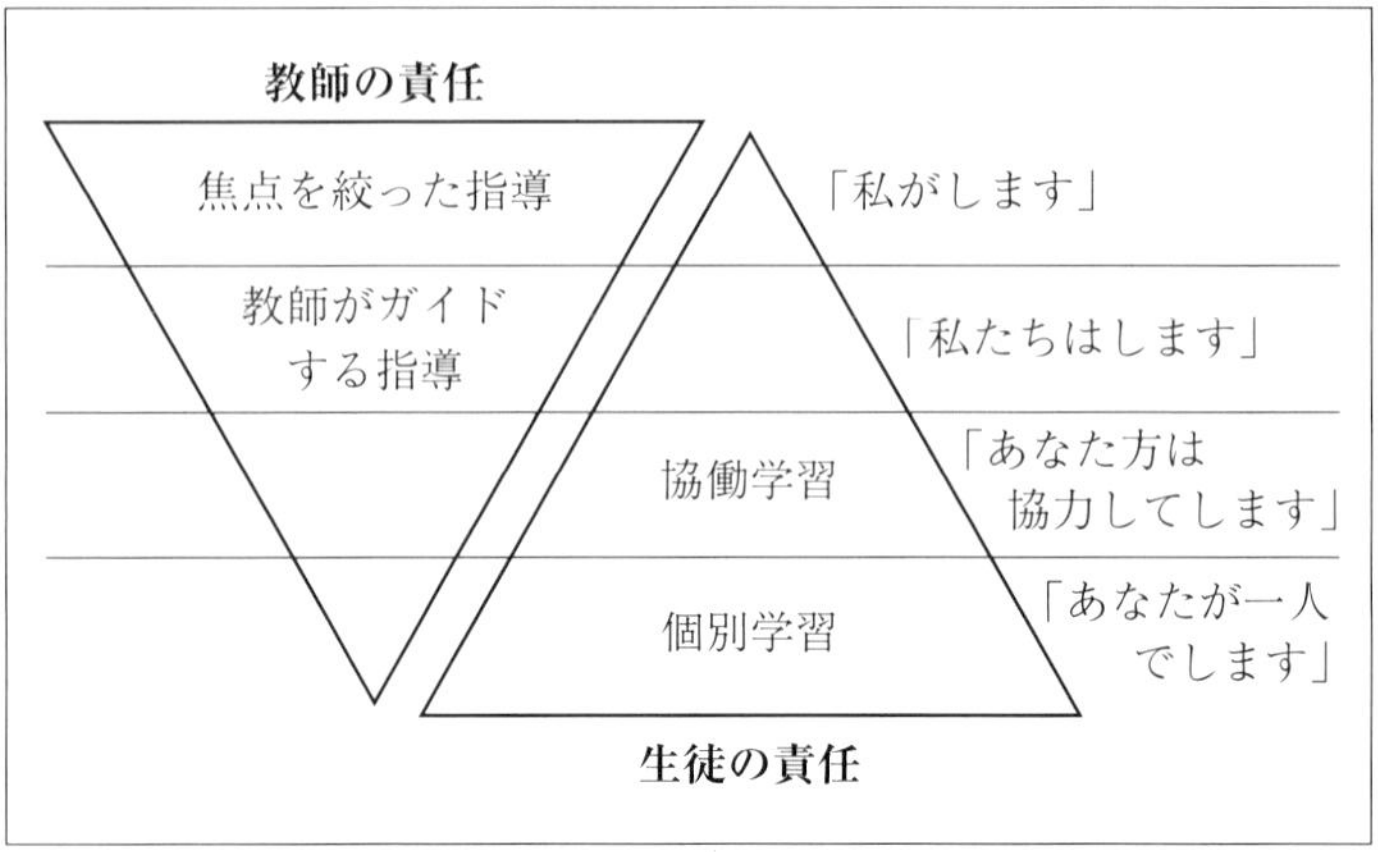

特徴を踏まえて、責任の移行モデルの枠組みを行ったり来たりする必要があります。また、教師が目標[4]を設定し、ガイドしながら指導を行い、協働学習を行い、そして個別学習をするというサイクルで学ぶことが効果的であることを認識する必要もあります。**図1－1**において、四つの段階で教師と子どもたちがどのように責任を担うのかを示しました。

授業の最初は常に焦点を絞った指導（目標設定と見本を示すこと）からはじめること、を提案しているわけではありません（参考文献49参照）。教師によっては順番を入れ替える人もいます。つまり、教師が見本を示しはじめる前に、始業のベルが鳴ったら取り組む活動[5]や素早く書くなどの個別学習[6]をはじめたり（これで、落ち着いて授業がスタートできます）、子どもたちが協力して学習することに取り組ませたりするのです（そうすることで、活気づいた状態で授業がスタートできます）。

本書を通じて強調していきますが、深い学びをつくり出すために大切かつ必要なことは、生徒

（3）『先生のためのアイディアブック——協同学習の基本原則とテクニック』、『「協同」による総合学習の設計——グループ・プロジェクト入門』、『学習の輪——学び合いの協同教育入門』などが邦訳されています。子どもたちを班やグループにしたからといって、自動的によく学べるというわけではありません。ほかの授業の重要な構成要素との関連性を見直すためにも、本書がとても参考になります。と同時に、協力して学ぶことは、あくまでも個人が深く学ぶための手段的側面のほうが大きいことも再確認しておきたいです。

（4）（collaborative）一般的には、「協調」か「協働」と訳されます。しかしながら、本書のなかでは「協調を図るニュアンス」には抵抗感があります。ほかにも「協同」「共同」といった選択肢があり得ますが、「cooperative learning」を「協同学習」と訳してすでに学会まであるので、以下のサイトなどから本書では「協働学習」と訳すことにしました。「ウィキペディア、協働」と「違いがわかる事典、共同と協同と協働」で検索が可能です。

（5）学年の初日から、始業のベルが鳴ったらボードに書かれてある課題にそれぞれが取り組むように習慣化することです。時間のロスをなくすと同時に、子どもたちには休み時間から授業へのスムーズな移行を可能にする方法となります。さらに、ベルが鳴る前からも自由に取り組むことができます！

（6）ある質問をして、それについて定められた時間内に書かせる課題のことです。これのメリットとしては、常に書くことが習慣づけられる、焦点が絞れる、クリティカルな思考の練習になる、他者に話す前に自分の考えをまとめる、協力して取り組む学習への準備になる、などがあります。ここで言う「クリティカルな思考」とは、大切なものを選び出す能力や大切でないものを排除できる能力のことであって、「批判的」思考が占める割合は三分の一～四分の一といったところです。

たちが新しい内容を学ぶときに、**図1-1**の四つの段階すべてを経験することとなります。この四つの段階についてはのちの章で詳述しますが、ここではその要約を紹介しておきましょう。

焦点を絞った指導

焦点を絞った指導は、授業全体のなかで大切な位置を占めています。この段階には、授業の明快な目的を設定することが含まれています。私たちは、学習目標という言葉ではなく「目的」という言葉を使います。なぜなら、生徒たちが授業の必要性を理解することが大切だからです。授業の目的を表した文章は、「内容」「言語」「社会的な側面」という三つの目標で表現することができます。たとえば、以下のように授業の目的を書き出した教師の例を見てください（授業の目的は三つの目標で表されています。二三七ページの**表6-2**を参照）。

今日の内容的な目標は、分数と帯分数[7]の掛け算をすることです。それは、料理や建築や医療分野で使われるからです。言語の目標は、問題や答えを話し合うとき、数学的な専門用語をしっかりと使いこなす必要があるからです。社会的な目標は、グループのメンバー全員が話し合いに参加できるように、順番に話し合うスキルに取り組むこととなります。

この分野の研究者が指摘しているように、指導の目標には、①学習者が達成する明確な成果、②認識されている課題や学習者のニーズを把握する事柄、③指導によって達成できる内容、が含まれています（参考文献23参照）。

これらはいずれも、授業の目的を設定する際に重要となります。第２章で詳しく述べますが、単に授業の目的を述べるだけでは十分とは言えません。生徒たちが意味のある形で目的に取り組む機会を確実に提供するだけでなく、自分がしていることについてのフィードバックを得られるようにする必要があります。

焦点を絞った指導の段階では、目的を設定することに加えて、優れた読み手、書き手、考え手が扱っている内容について、どのように情報を加工⑧しているのかという見本を生徒たちに提供します。通常は、直接的な説明、実際に見本を示すこと、あるいは「考え聞かせ⑨」をする形で行われます。

「考え聞かせ」とは、教師が問題を解いているとき、指示を理解するとき、文章を読んでいるときなどに、頭の中で考えていることを実際に口に出して子どもたちが分かるようにするという方

（７）「小６算数　帯分数のかけ算」を検索して、ビデオや資料を見てください。

（８）「加工＝プロセスする」とは、情報を整理、統合し、自分なりの意味をつくり出す、という意味です。

法です。たとえば、小学三年生に蜘蛛についての文章を読み聞かせたあと、教師は次のように言うかもしれません。

私には、たくさんの質問が浮かびました。いま、蜘蛛は口の器官をもっていないと言いましたが、では、どうやって食べるのでしょうか？　それを想像することができません。この質問に答えるためには、ほかの情報を探す必要があります。

それに私は、蜘蛛が世界中に生息していることを知らなかったので、新しい発見もありました。この文章に書かれていたなかで、私にとってもっともおもしろい蜘蛛は、水面下に生息している絹のようになめらかな半球体のものでした。それについて、もっと知りたくなりました。

通常、焦点を絞った指導はクラス全体を対象として一五分以内で行われます。目的を設定し、生徒たちがヒントを得るための見本を提示するには、これぐらいの時間で十分です。焦点を絞った指導は、授業の最初に行う必要はありません。また、授業のなかにおいて一回というように限定する必要もありません。責任の移行モデルは、柔軟に「行きつ戻りつ」してもよいので、目的を設定し直したり、そのジャンルの専門家の考え方を追加して、例を示してもよいのです。

教師がガイドする指導(10)

教師がガイドする形で指導する段階は、ほとんどの場合、クラス全体ではなく小グループを対象にして行われます。形成的評価［**訳者コラム**参照］を基に編成された、同じ目的（ないし課題）をもった生徒たちが対象となります。この段階で使える方法は多様にあり、それらについては第3章で詳しく紹介します。

教師がガイドする指導を成功させるカギは、周到な準備です。教師は、寄せ集めの生徒に対してこ指導するわけではありません。サポートができる共通の課題をもった生徒たちを対象にして

(9)　考え聞かせは、読むことの指導の際に普及したものと思われます。日本では、読み聞かせが圧倒的な人気を誇っていますが、読む力をつけるためには、自分よりも優れた読み手が実際にどのようなことを考えながら読んでいるのかを見本として示したほうが効果的です（『増補版「読む力」はこうしてつける』『リーディング・ワークショップ』『読み聞かせは魔法！』を参照）。これについては、他の教科でも効果があることが分かり、かなり広範に使われるようになっています。教師が頑張って教える（話す）よりも、その教科を教師がワクワクしながら学んでいるといった見本を示す／話す＝考え聞かせをしたほうが、生徒たちは確実に惹かれます。

(10)　この指導法は、読むことに関する何らかの似た課題を抱える少人数の子どもたちを対象に教える「ガイド読み」という教え方から来ています。詳しくは、『リーディング・ワークショップ』『読書家の時間』『理解するってどういうこと？』を参照してください。すでに、書くことの指導にも「ガイド書き」という形で応用されています。

訳者コラム

形成的評価

形成的評価は、事前評価（診断的評価）と総括的評価（成績あるいは評定）で構成される「評価の三本柱」の一つです。診断的評価は授業や単元や年度当初に行われ、総括的評価は授業や単元や年度の最後に行われますが、形成的評価は指導期間中を通して継続的に行われる評価となります。したがって、学びをつくり出すのに最も重要な評価であると同時に、「指導と評価の一体化」が実現できます。そのため**図1－5**（33ページ）に含まれているのは形成的評価だけなのです。本書においても形成的評価の項目が各章に設けられていますが、『テストだけでは測れない！』や『一人ひとりをいかす評価（仮題）』（キャロル・トムリンソン他著、北大路書房、2018年夏予定）なども参照してください。

訳者コラム

20分間の教師がガイドする指導

特定の少人数の生徒たちを対象にして教師が教えるためには、ほかの生徒たちが、協働学習か個別学習をしていることが条件となります。これが、一斉指導を基調にした授業の進め方と最も異なる点の一つと言えます。要するに生徒たちは、授業のなかですでに教師に依存し続ける学び方から脱し、自立した学び手としての練習をし続けているのです。

圧倒的多数の子どもたちは、このやり方のほうが、常に教師の指示を受け続ける授業よりも好きであることは言うまでもありません。『読書家の時間』の57～58ページを参照ください。

の指導が行われるからです。

教師がガイドする指導は、一人ひとりの生徒をいかす最適な時間となります。トムリンソンらが指摘したように教師は、生徒たちが学ぶ内容、学ぶ方法、学んだことを証明する成果物を、一人ひとりがいかせるように提供することができます[(11)]（参考文献91参照）。

小グループを対象にした指導では、使う教材、用いる質問や与えるヒント、期待する成果物を多様にすることができます。たとえば、七年生[(12)]を担当している理科教師のマーカス・モーア先生は、事前評価[(13)]のなかで小惑星の影響についての項目でよい結果を出すことができなかった五人の生徒を特定しました。

そして彼は、この五人の生徒たちに学校図書館で見つけた『彗星、小惑星、隕石（未邦訳）』（参考文献45参照）という本を提供しました。その本のなかにある小惑星について書かれたページを読んでから、それらが地球に及ぼす影響について、教師を含めた六人での話し合いをすることを

---

(11)　トムリンソンが著した『ようこそ、一人ひとりをいかす教室へ』を参照してください。

(12)　アメリカの中学校は、一般的に六〜八年生で構成されています。小学校はK（幼稚園）〜五年生で、高校は九〜一二年生です。

(13)　学習者のレディネス（学習準備状態）の情報を得るために、学期や単元の前に実施します。診断的評価と同じで、前もって学習者の実態を把握し、それに合わせた指導計画を立てるための評価です。

告げました。

この二〇分間の指導の間［**訳者コラム**参照］にモーア先生は、生徒たちの小惑星が地球に及ぼす影響についての理解を確認すると同時に、さらに理解を高めました。具体的に言えば、地球は長い歴史の間に、小惑星の衝突を含めて何回もの大惨事が起こっていたことについてです。グループでの話し合いのなかで、彼は以下のような投げかけをしました。

・地球の表面について知っていることを考えて。そして、そのことについて話し合ってみて。
・どこも平らかな？（生徒たちは全員否定する）
・地球の表面をいまのような状態にした原因として、どんなものが含まれるかな？
・地球には長い歴史があることを思い出して。

教師がガイドする指導を一回行ったからといって、生徒に欠けている知識やスキルのすべてが身につくわけではありませんが、何回か継続することでそれは実現します。時間とともに、きっかけやヒント、そして質問によって、生徒たちにより複雑な思考ができるように導けるのです。教師がガイドする指導では、生徒たちに高い期待を設定し、必要なサポートを提供するので、生徒たちはその期待に応えようと努力し、そして達成するわけです。

協働学習

すでに指摘したように、この段階はしばしば疎かにされています。行われる場合もイベント的に行われるだけで、指導のルーティンのなかに位置づけられていません。うまく行われたときは、協働学習が生徒たちの思考と理解をより強固なものにします。クラスメイトと考えや情報について話し合ったり、ほかのメンバーと探究に取り組んだりすることは、「焦点を絞った指導」と「教師がガイドする指導」で学んだことを実際に使いこなす機会を提供することになります。

協働学習は、新しい情報を生徒たちに提供する時間ではありません。この段階は、すでに知っていることを新しい状況のもとで応用したり、以前学んだことについて繰り返し振り返りを行います。

また協働学習は、常に実験的で混乱することもある、と捉えることも大切となります。生徒たちが自らの思考を統合し、扱っている内容そのものやクラスメイトと意味のある形でやり取りをするには、まだ部分的にしか理解していないことや誤解していることを明らかにしたり、すでに知っていることを確認したりするための活動を行う必要があるからです。

言い換えると、問題に立ち向かうことが協働学習の必要条件となります。もし、一回目の協働学習で生徒たちがすべて順調に課題をこなせるとあなたが確信しているときは、それは協働学習としてではなく、個別学習として取り組ませるほうが望ましいでしょう。

協働学習は、生徒たちが「責任ある話し合い」や討論をする最適の機会でもあります[14]。責任ある話し合いとは、やり取りを豊かにするために、生徒たちに効果的な会話の仕方を教えるという枠組みです。ちなみに、責任ある話し合いは、ローレン・レスニックとピッツバーグ大学学習研究所の研究者たちによって開発されたもので（参考文献86参照）、話し合いをする際に教師と生徒たちが常に従うべき取り決めがあります。そのなかには、話題から脱線しない、話題に適切かつ正確な情報を使う、話し手が言ったことをじっくりと考える、などが含まれています[15]。

生徒たちは、話される内容と互いに対して責任をとるように教えられます[16]。そして、話題に対する理解を豊かにするために、話し合いを常に前へ進める方法を学びます。学習研究所の資料には、責任ある話し合いを可能にする五つの基準（話型）が紹介されています（参考文献58参照）。

❶明確化と説明を求める（たとえば、「どういう意味か説明してくれませんか？」）。
❷提案などの正当性を正す（たとえば、「その情報はどこで見つけたのですか？」）。
❸思い違いを認識し、異議を申し立てる（たとえば、「賛同できません。なぜなら……」）。
❹主張の根拠を求める（たとえば、「何か例を示してくれますか？」）。
❺誰かの発言を解釈して、活用する（たとえば、「デイヴィッドは……と言っていると思います。その場合、私たちは……したほうがよいと思います」）。

これらのスキルを生徒たちが使いこなせるようになることが大切なのですが、参加型の民主主義においては、すべての市民にとって重要なツールともなります（参考文献68参照）。これらは、各州共通の基礎スタンダード（Common Core State Standards）(17)の「話す・聞く」という項目を満たすカギともなります。その最初の項目では、生徒たちに次のことを求めています。

「他人の考えに自らの知識を積み上げたり、自分の考えをはっきり、しかも魅力的に表現したりすることで、多様な会話やほかの人たちとの協働的な活動に、効果的に参加できるように準備する」（参考文献72参照）

(14)「効果的な会話の仕方」は、生徒たちに教える前に、まず教師が体験をしてできるようにしておくことが大切です。相手が一人の場合はできても、複数の人間となるとできていないような気がするからです。

(15)レスニック（Lauren Resnick）は、認知心理学を教育に応用することで大きく貢献した研究者の一人です。一九九五年に「学習研究所（The Institute for Learning）」を設立し、現在も共同代表を務めています。この研究所のサイトから価値のある情報を入手することができます。

(16)言い換えれば、「自分の言ったことに責任をもつ、パートナーを敬う」ということです。

(17)これまでアメリカでは、スタンダード（到達基準）は州の教育委員会が出していましたが、二〇一〇年に全米州知事会と州教育長協議会がこの全国統一のスタンダードを歴史上初めて提案し、現時点ではほとんどの州がこれを受け入れています。これを国が率先して行うのではなく（国には、そんな権利は与えられていません！）、州レベルの連合体が行っているところがいかにもアメリカ的と言えます。民主主義を少なくとも建前としては貫いている国と、全体主義と民主主義との違いがいまだによく分かっていない国との違いと言えるでしょう。

教師のなかには、多様な方法で協働学習を指導に組み入れている人たちがいます。たとえば、一〇年生に社会科を教えている教師は、生徒たちに「名誉革命」[18]と「アメリカ革命」[19]と「フランス革命」[20]を比較検討させるために何種類かの資料を用意しました。生徒たちは協働学習を「互いに教え合う」（参考文献77参照）という方法を使って行いました。同じグループの生徒たちが共通の資料を読み、「予想する」「質問する」「要約する」「明らかにする」という四つの観点で話し合い、その内容をメモに取るという形で進められました（詳しくは、一四五〜一五〇ページを参照）。話し合いの終了時に、クラス全員が自分なりの解釈を要約します。このステップは、協働学習を成功させるカギとも言える各自の責任を明確にしています。つまり、従来のグループ活動において批判された、できるメンバーへの「ただ乗り」[21]を阻止する機能として働いているわけです。

ジャマル　僕はまだ理解できないな。国王がカトリックの軍隊を欲しがったし、国王には政府に仲間がいたから、イギリスの人たちは革命を起こしたわけ？「権力を行使する」ってどういう意味なのかを、ハッキリさせるために助けて欲しいなー。まだ、ハリー・ポッターみたいな感じだよ。

アントン　僕も同じだよ。でも、権力を行使するっていうのは、自分が気に入らない規則を取り除いてしまうことだよ。

ラシーカ　ジェームズ二世は自分のもっている権力を使って法律やほかの規則を一時停止したのよ。あなたたちが言ったことに付け足すと、それが人々をとても怒らせて、彼のことを追放してしまおうと革命をはじめたのよ。私たちが話したほかの革命と同じように。

協働学習は、重要なアイディア（概念）〔**訳者コラム**参照〕について考える機会を生徒たちに提供します。また、探究の機会をも提供することで、内容に対して深く取り組ませることになります。したがって、責任の移行モデルを実施する際には大事な部分を占めていることになります。

---

(18)　一六八八年、議会派の要請を受けた国王ジェームズ二世の娘メアリーとその夫オランダ総督（統領）オラニエ公ウィレム三世が軍を率いてイギリスに上陸し、一六八九年、メアリー二世とウィリアム三世がイングランド王位に即位したクーデター事件のことです。一人の死者も出さなかったために、このように名付けられました。

(19)　一八世紀後半、イギリス領だった東部一三州が結束し、アメリカ独立戦争を経て合衆国を形成するまでのことを指します。

(20)　一八世紀末にフランス王国（ブルボン朝）で起きた、世界史上の代表的な市民革命です。前近代的な社会体制を変革して、近代ブルジョア社会を樹立した革命です。

(21)　グループ学習において、課題をグループに対して出したにもかかわらず、一人か二人のできる人たちが中心になってやってしまい、ほかの生徒たちが「お客さん」ないし「見学者」になってしまうことを指しています。

訳者コラム

アイディアないし概念（コンセプト）

これは、教える／学ぶ際に最も大切なことの一つですが、知識中心になっている日本ではあまり知られていませんし、使われることもありません。概念の例としては、変化、相互依存、システム、原因と結果、パターン、イメージなどがあります。変化を例に取ると、この概念は国語（過去形・現在形・未来形、主人公や場面の変化）、社会科（産業の変化）、理科（水の三つの形態）、算数・数学（時間、加減乗除）、保健体育（人の成長）、家庭科（調理）、音楽（リズム）などすべての教科で扱っています。子ども達にとっては、各教科をバラバラな知識として教えられるよりも、概念で同じことが様々な教科でつながっていることを感じられるように教わったほうがはるかに理解しやすいですし、活用もしやすくなります。

個別学習

指導の最終的な目標は、一人ひとりの生徒が、情報、アイディア（概念）、内容、スキル、方法といったものを異なる状況において自ら応用できるようにすることです。他人が提供する情報やアイディアに依存しない学習者を育てたいと私たちは思っています。したがって、生徒たちは個別学習に取り組み、その過程から学ぶという練習が求められます。

全体を通してみれば、時間をかけて学校と教師が行う指導は、「生徒が、自分の学びの責任について継続的に、徐々に成熟した形で、そしてすべてを受け入れることを奨励し、そのプロセスをサポートするように組織されている」（参考文献63参照）べきです。しかしながら、個別学習の効果は生徒のレディネス（準備状態）に大きく左右されます。実態は、あまりにも多くの生徒たちが、「焦点を絞った指導」や「教師がガイドする指導」が不十分なまま、個別学習に取り組むことを強いられています。

生徒たちがスキルや知識を使って新しい成果物をつくり出す準備ができているなら、個別学習に取り組む方法は多様にあります。私たちの経験から言えることは、課題が本物[22]であればあるほど、生徒たちは課題に打ち込んでやり遂げるということです。

たとえば、幼稚園の教師が児童にお気に入りの絵本を三人の大人に読み聞かせる課題、六年生の理科教師が今度行う実験の結果をその前に行った三つの実験から予想するように問いかける課題、高校の美術教師が新しく描く作品に光の表現方法と遠近法を使うように義務づけた課題などがあります。大切なのは、個別学習の課題がこれまでに受けた指導と関連づけられていると同時に、それらの知識を新しい形で応用する機会が提供されていることです。

---

(22)　ここで言う「本物」とは「authentic」の訳ですが、自分が勉強のために仕方なくやらされているという意識ではなく、本当に意味があり、役立つことをやっているという実感があるもののことです。

学びが起こらない／定着しない理由

いま紹介した四つで構成されている指導の枠組みについて、記憶が定かなうちに、効果的とは言えない枠組みを見ておきましょう。残念ながら多くの教室では、学習の責任については、依然として知識をもっている人（教師やできる子や保護者）から生徒への移行がされていません。私たちが紹介した四つの段階のいくつかは実施されていますが、残りのいくつかをしないことが学習を大きく妨げています。

たとえば、左ページの**図1－2**に示しているように、結構多くの教室では教師たちが生徒たちに見本を示したあとすぐ、個別学習に取り組ませています。

この指導形態はとても典型的です。算数・数学の教師が計算問題の解き方を実演してみせ、生徒たちに問題集の奇数番号を解かせたり、国語の教師が範読をしたあと生徒たちに、その内容に関するワークシートに取り組ませたりといった具合にです。両方とも、教師がガイドする指導を行うことで意味のあるやり取りを省いてしまい、内容に対する生徒たちの理解を確実にすることができていません。

悲しいことに、これよりも悪いモデルが存在します。**図1－3**に示されたように、すべてのこ

図1－2　結構多くの教室では……

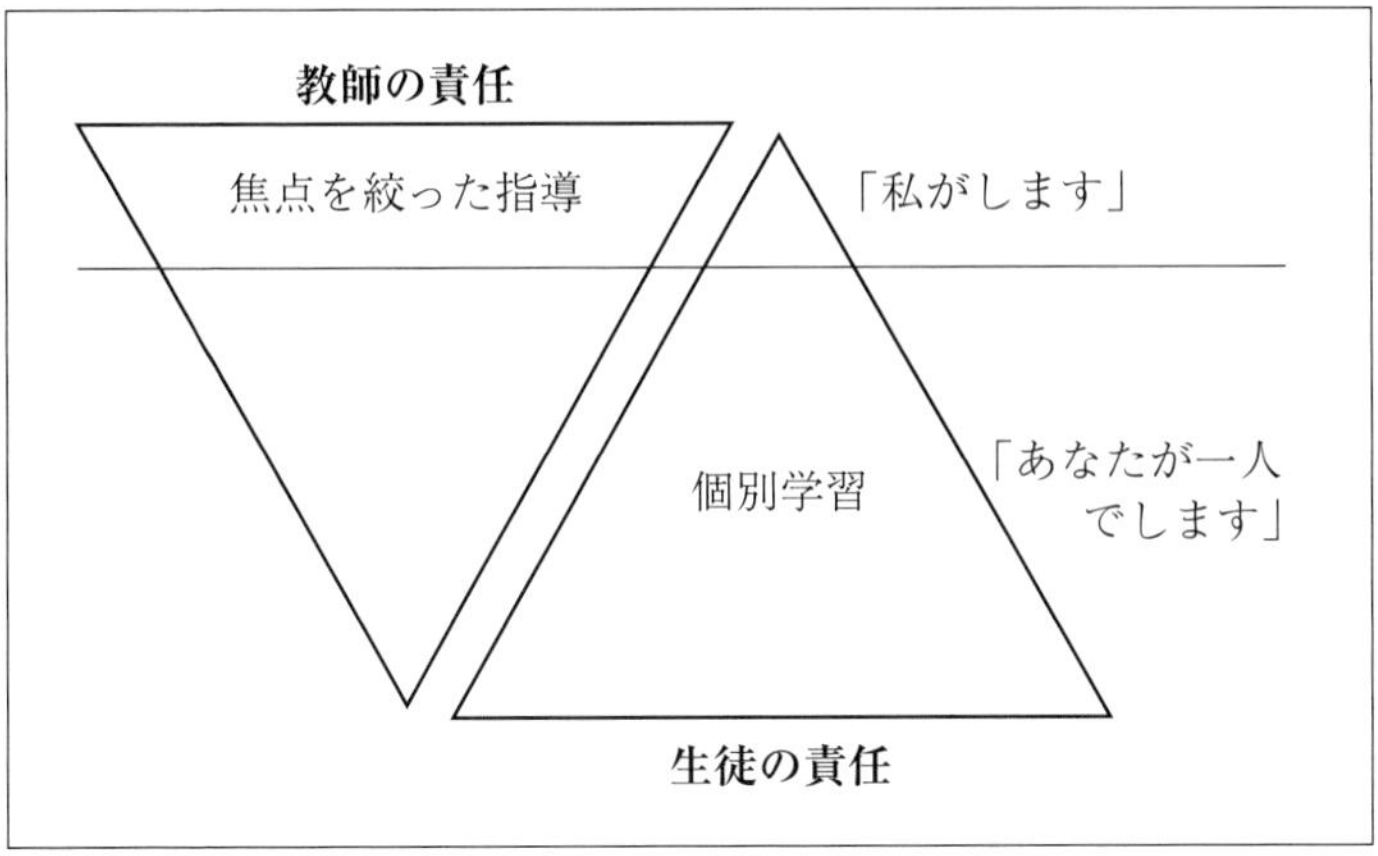

教師の責任

焦点を絞った指導

「私がします」

個別学習

「あなたが一人でします」

生徒の責任

とを自分で学ぶように仕向けられている教室です。

この指導形態のみで行われている教室は、悲しくなるほど画一化されています。生徒たちは、あらかじめ用意されているワークシートに次から次へと取り組むか、指定されたページを読んでから、そのためにつくられている問題集の該当部分に解答します。

生徒たちは、この同じパターンを日々繰り返すだけです。これらのクラスでは、「教える」ということはされていません。生徒たちに「作業を与えている」か、させているだけです。正直に言うと、このような教え方をしていて給料をもらうというのは恥ずかしいかぎりです。

日によっては、生徒たちが多くの時間をプロジェクトや書くこと（作文）などに学校で取り組む必要はあり得ます。しかし、それが毎日のように行われていることはおかしいのです。もし、そうなるとき

図１－３　一部の教室では……

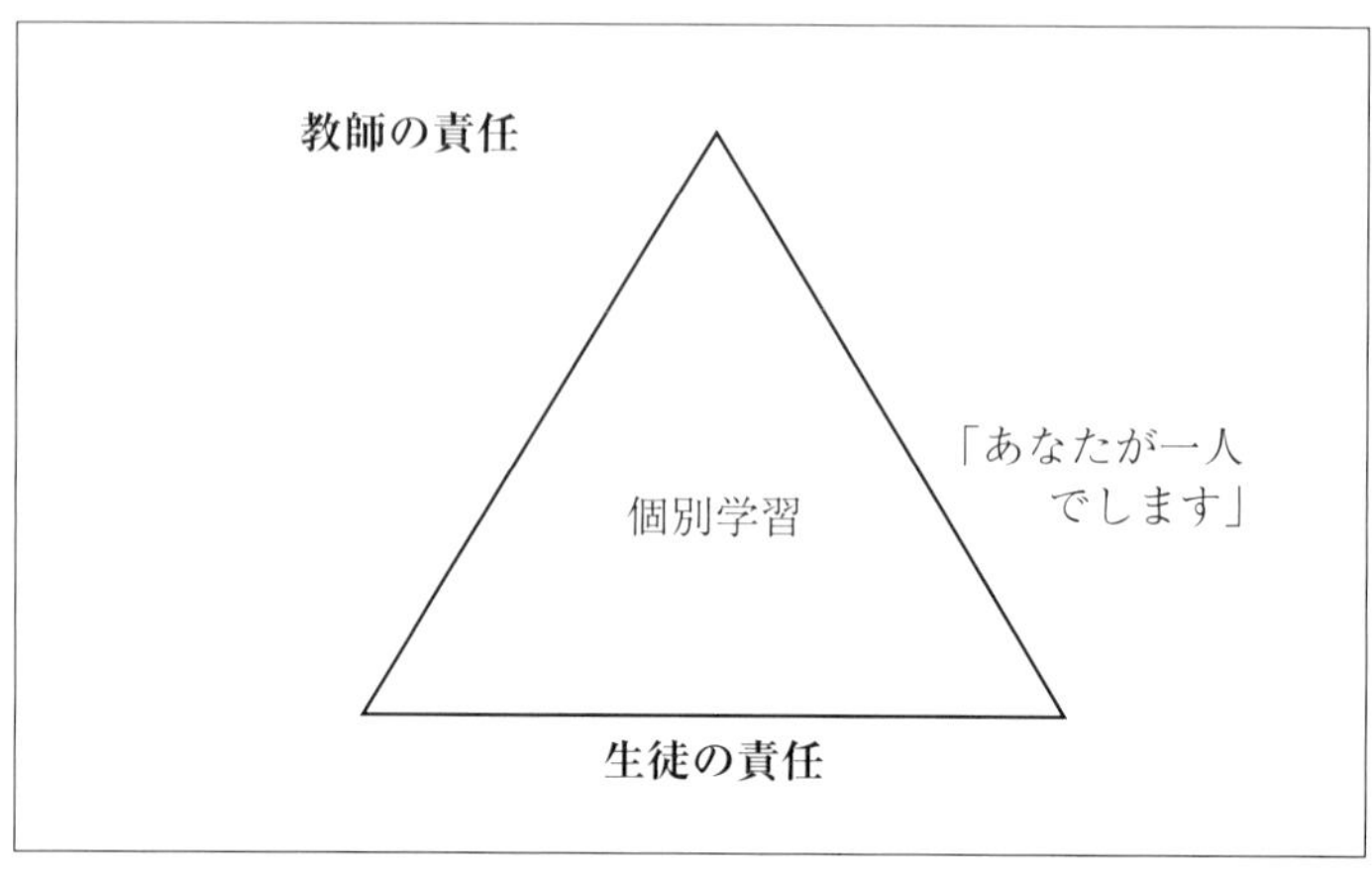

でも、なぜしているのかという目的、その道の専門家の思考を体験できる機会、そしてクラスメイトと会話できる機会が必要となります。

多くの人が「よい」もしくは「満足できるレベル」と評価される授業でも、責任の移行モデルのすべての要素が使われていることは珍しいと言えます。先に述べたように、もっとも頻繁に抜け落ちているのが協働学習の段階で、それを図示すると**図１－４**のようになります。

これらの教室で教師は、生徒たちに見本を示しつつ小グループで教えますが、協力して取り組む機会は提供しません。その結果、生徒たちは、教師に個別に見てもらえるのを待ちながら個別学習に取り組むことになります。

たとえば[23]、教師が理科の教科書を理解するのに効果的な方法を見本として示し（**私がします**）、二つ

図1－4　多くの教室では……

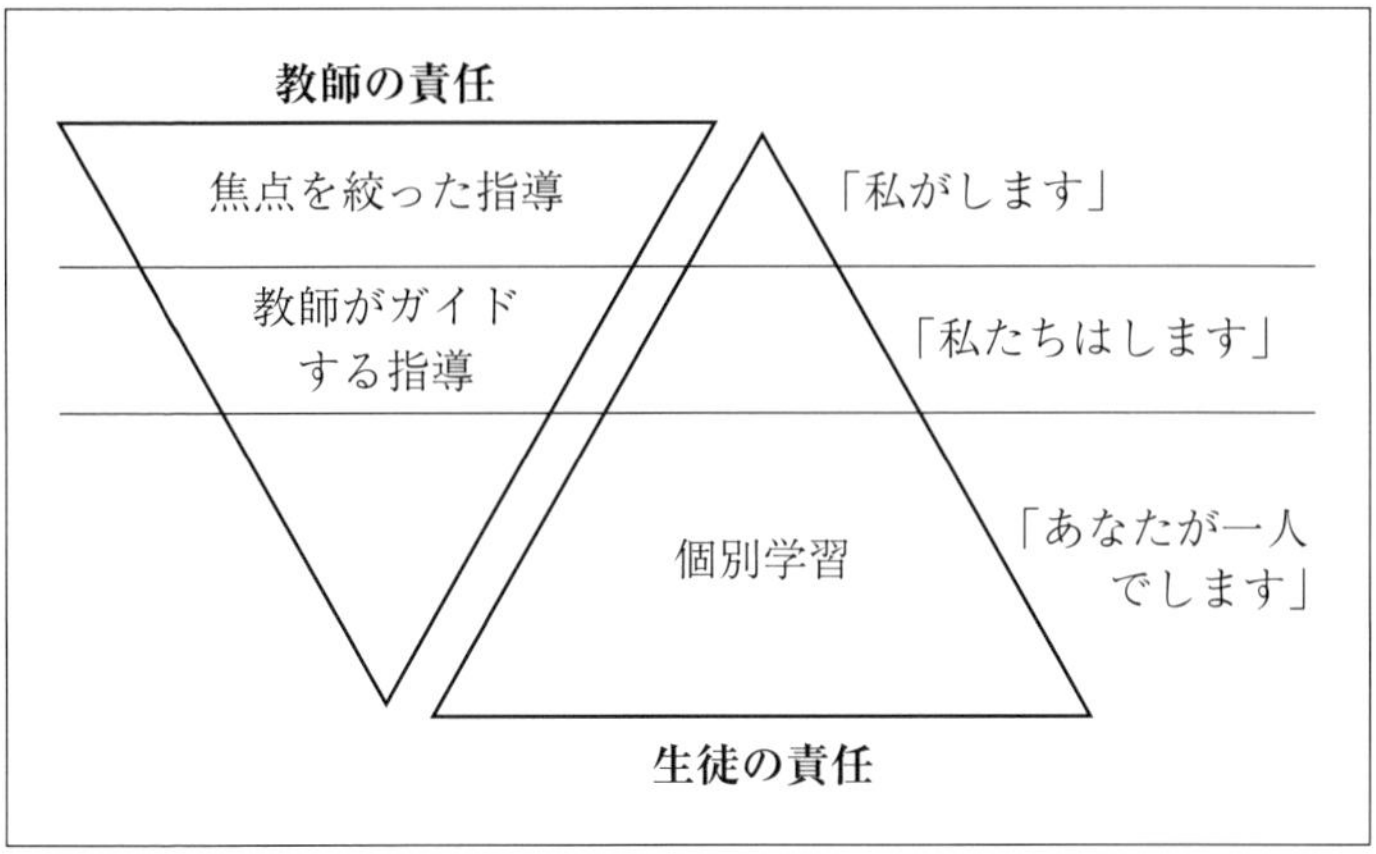

か三つの小グループに対してガイドする指導を行います（**私たちはします**）。後者が行われている最中、残りの生徒たちは協働学習のグループで課題に取り組んでいる（**あなたたちが協力してします**）よりも、教科書の指定されたところを個別に読んでいる（**あなたが一人でします**）ことのほうが多い(24)ものです。

生徒たちに、深く学び、クリティカルかつ創造的に思考し、学んだ方法をほかの場面でも応用できるようになって欲しいなら、「焦点を絞った指導」「教師がガイドする指導」「協働学習」「個別学習」とい

---

(23)「理解するのに効果的な方法」ないし「（優れた読み手が使っている）理解のための方法」については、『増補版「読む力」はこうしてつける』を参考にしてください。単に国語で読むときに使えるだけでなく、算数・数学も含めてあらゆる教科で読んだり、考えたりするときに使える方法が紹介されています。

う責任の移行モデルの四つの段階は必要不可欠なものだと言えます。しかしながら私たちは、この事実を理解してはいませんでした。学ぶことよりも教えることを優先しすぎた指導法の歴史は、効果的とは言えないモデルでいっぱいなのです。

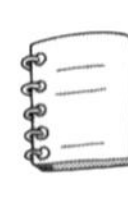

責任の移行モデルの大切さが受け入れられると……

責任の移行モデルは、数十年前から存在しています。私たちも、養成課程の学生たちや公立高校の生徒たちを対象にして使ってきました。しかしながら、私たちがその重要性を十分に理解できたのはそんな昔のことではなく、今でもよく覚えている出来事を通してでした。

私たち二人は、ラスベガスで開かれた学会に参加していました。滞在するにはとてもよいとされている「ベネチアン・ホテル」(25)に泊まっていました。ダグは、電話の機能しかもっていない古いケータイをお尻のポケットに入れていました。

私たちがロビーを歩いていたときに彼のケータイが鳴りました。彼が電話に出ようとしたら、ケータイがお尻のポケットから運河に落ちてしまい、二度と使い物にならなくなってしまいました。週末をケータイ（たとえ、それが電話以外の機能をもっていないとしても！）なしで過ごせると思わなかったダグは、ケータイショップまでタクシーを飛ばしました。ダグが望んだのは、保証システムを使って無料で代わりのケータイを手に入れることでした。

ケータイショップの販売員は、ダグとは違った見方でこの事態を捉えていました。つまり、販売チャンスと捉えて、ダグに古いモデルから新しい、よりハイテク機能がついたモデルへの機種変更を促したのです。

「あなたには、より便利なケータイが必要です。電子メールができ、アドレスやカレンダー機能がついており、そしてウェブ検索もできるものが」と、彼はダグに言ったのです。

「それらは一切必要ない」と、ダグは言いました。販売員（スティーヴと呼びます）はとても粘り強く、「新しいケータイは、テキスト・メッセージも送受信できます」と強調しました。ダグ

---

(24)「クリティカル」は「批判的」と訳されることが多いですが、それでは全体の三分の一〜四分の一しか示していないので誤りとなります。「重要な」や「大切な」という意味もあり、「大切なものを見極める力」や「大切でないものは排除する力」と訳したいぐらいです。というのも、これらこそが学校の授業も含めて、日本社会でもっとも欠落しているもののような気がするからです。創造的（クリエイティブな）思考およびコミュニケーション能力と合わせて、二一世紀スキルの筆頭に挙げられているものです。

(25) ネバダ州ラスベガスにあるカジノホテルです。イメージされているのがイタリアのヴェネチアで、シンボルとなっているのは、鐘楼や運河、そして運河に浮かぶゴンドラなどです。

はこれまでにテキスト・メッセージを一度も送ったことがありませんから、それを必要とはしませんでした。しかし、スティーヴは巧みな販売員でした。

「ご存じですか？　若い人はみんなテキスト・メッセージを送り合います。今は、それが新しいコミュニケーション・スタイルなのです」

ダグは「若い人」であり続けたかったので、クレジットカードを取り出して新しいモデルを購入することにしました。あっという間に、彼は新製品の誇りある持ち主になってしまいました。

ダグが見守るなか、スティーヴはケータイの魅力的ないくつかの機能をデモンストレーションしてくれました。そんなハイテクな買い物をしたことに、ダグはとても満足していました。

ホテルに戻ってから約一時間後、電話が鳴りました。コールが続いたのですが、ダグは電話に出る方法を知らなかったのです。新しいケータイは、古いもののように開ければ自動的に通話ができるようにはなっていなかったのです。そのうえ、「電話に出る」という分かりやすいボタンがどこにも見当たりませんでした。苛立った彼は、すぐにタクシーをつかまえてケータイショップに戻りました。もちろんダグは、電話への出方が分からなかったと、（一二歳ぐらいにしか見えない、とても若い）スティーヴに言うことはできませんでした。そこで、それを掲げて、「これは壊れているようだ」と言ったのです。早速、スティーヴは、そのケータイをダグの手から取り上げて操作をはじめました。

突然、ダグは罪悪感に苛まれました。ナンシーのほうを向いて、「与えた課題が難しすぎたので、それを取り下げて、生徒たちに理解のための方法[26]を何回モデルで示したかな?」と尋ねたのです。スティーヴが実際に行い、ダグもついしがちだと認識していることは、まさに責任の移行モデルに違反することでした。学習者が困難と混乱を体験しているときは、何度も教師が見本を示すのではなく、教師がガイドする指導が必要なのです。苛立っている学習者は、何度も繰り返し見せられているわけですから教師がその課題をできることはすでに知っています。苛立っている学習者に必要なことは、成功することが約束された状況での、適切な教師の指示やサポートと練習の機会なのです。

ケータイショップで、ダグがスティーヴに向かって次のように言いました。

「見本を示してくれる必要はないよ。その代わりに必要なことは、教師がガイドする指導なんだ。どう使ったらいいのかをあなたが説明するとき、私に携帯を持たせてくれないか?」

スティーヴは少しまごつきましたが、ダグの願いを受け入れました。そして彼は、ケータイの使い方についてガイドをし、ヒントを与え、質問をしたのです（ナンシーもそのやり取りにすっかり夢中になってしまったので、その場でダグと同じ機種を購入してしまいました! 敏腕ステ

(26) 二七ページの注(23)を参照してください。

ィーヴ!! そして同時に、次の段階となる協働学習の環境も整いました!)。

もちろん、焦点を絞った指導と、たった一回のガイドという指導の組み合わせが、新しいテクノロジーを一人で使いこなせることを保証するわけではありません。私たちに必要なのは、教師(この場合はスティーヴ)のヒントなしで練習する機会です。そのことについて、ダグはナンシーに次のように言いました。

「とても恥ずかしくて、スティーヴにどうしたらいいのかを尋ねることなんてできないよ。だから、自分たちで考えるしかないよ」

とてもゆっくりで時間はかかりましたが、確かに私たちは使えるようになりました。その日のディナーの席上、私たちは大きなテーブルの反対側に座り、テキスト・メッセージを送りあっていました。私たちは、協力して問題解決をしていったのです。

数週間後、たくさんの練習と相互のサポートによって、二人ともこの新しいテクノロジーをすっかり生活の一部にすることができました。新しいケータイを使いこなすという経験によって私たちは、できるようになる確実な方法は、見本を示し、ガイドしながら指導し、協働して学習し、そして個人で応用するというプロセスを通して学んだことだ、と理解できたのです。

責任の移行モデルは、私たちにとって現実のものとなりました。それ以降、責任の移行モデルを使い続けていますし、広く普及も続けています。

図1－5　より良い学びのために、教師から生徒に責任を移行するモデル

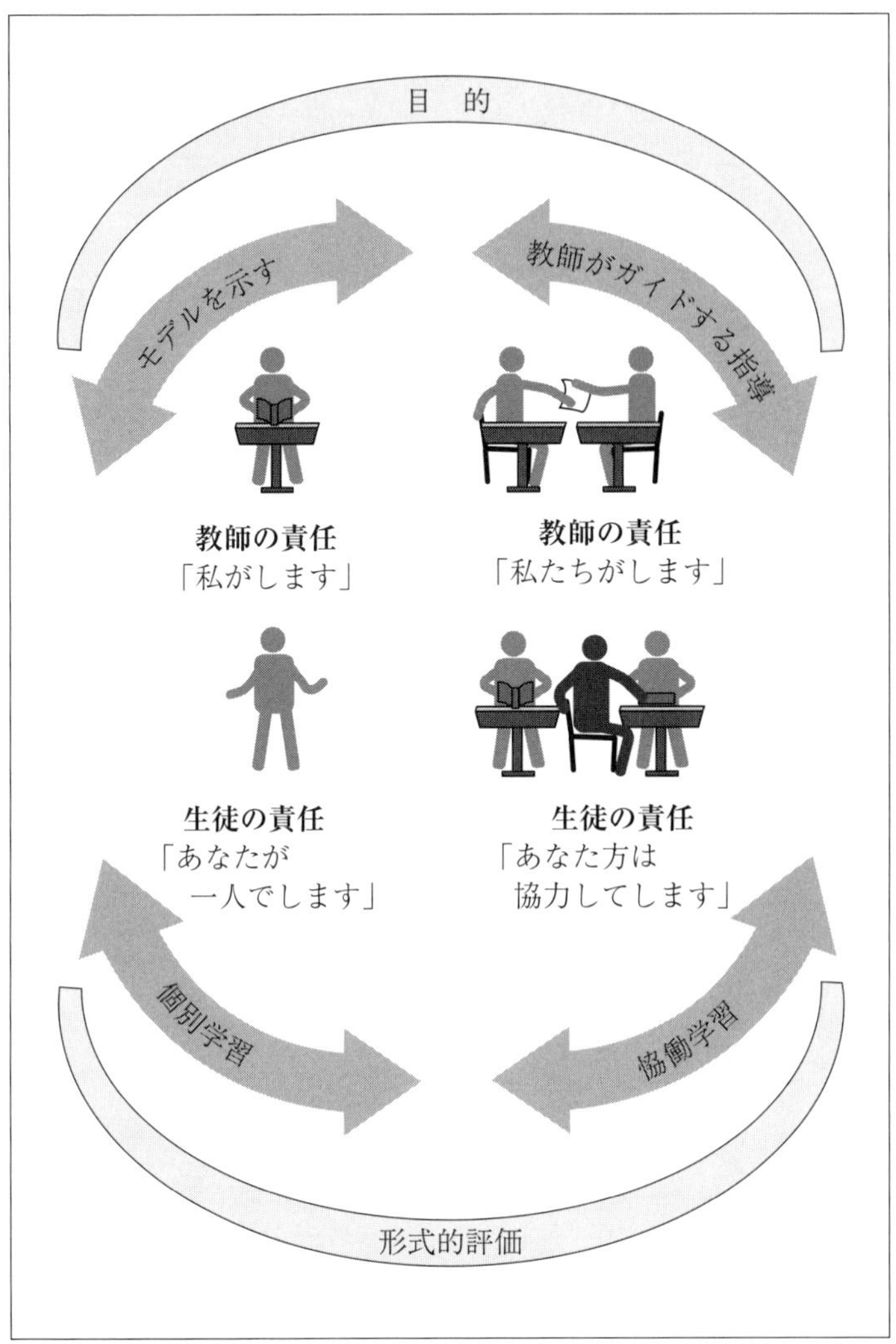

まとめ

しっかりと計画され、実施される指導は、生徒たちと指導する内容について把握していることを教師に要求します。また、継続的に生徒たちの内容理解を評価すること（形成的評価）も必要となります。そして、相互に関連しあう授業によって、教師から生徒に責任の移行が徐々に、計画的に図られる必要もあります。

この種の教え方を導く理論である責任の移行モデルは、**図1−5**のように概念化することができます。この図では、四つの段階が相互に行ったり来たりしているところが強調されています。教師は、これら四つをうまく使いこなすことで、生徒の学びを最大限にすることができるのです。

以下の章では、責任の移行モデルの四つの段階を個別に検討していきます。同時に、生徒たちのニーズを満たすために教師が使える多様な方法も紹介していきます。

第2章 焦点を絞った指導

――目的、見本を示すこと、考え聞かせ、気づくこと

自動車が動いている様子を一度も見たことがないのに、運転技術を学ぶというイメージをしてみてください。練習生を圧倒するのには、感覚的な情報[1]だけで十分でしょう。それに加えて、操作をしないといけないたくさんの計器や、聞こえてくる音などでパニックに陥り、すぐに失敗することでしょう（動かすことすらできないでしょう）！

この事実は、指導者も動揺させることになります。運転の目的自体が理解できず、それがどのように見えるのかも分からない人に対して、運転のような複雑なスキルをどうやって教えることができるのでしょうか？

多くの教室で、これと同じようなことが日々起こっています。生徒はたくさんの事実を聞かさ

（1）味覚以外の五感とも言えます。

れ、それをそつなく応用することが期待されています。応用ができない子どもたちは、自らの人格、学習に対する心構え、そして知性を疑われるという危険にさらされています。

教師は、たとえ自分にとっては易しいことであっても、自分が教えていることは生徒にとっては複雑であることを認識する必要があります。加えて、次のことも教師はふまえておかなくてはなりません。それは、新しいスキルの目的を理解したうえで、専門家がそれを使っている場面を見たときに、生徒は初めてそのスキルを会得できるということです。

「焦点を絞った指導」とは、教師が単純に何かを話す時間ではありません。実のところ、話すことで十分ということは教えるなかには存在しません。優れた指導をする際にカギとなるのは説明をすることです。生徒たちは、教師の考える過程ないしメタ認知的な思考[2]の説明を必要としています。

学習理論を研究する人たちは、これを「直接説明」ないし「認知ストラテジーの指導」と呼んでいます。どのように名づけようと、学習者にとっての目標は、内容と「特定の状況において、ある個人が知識やスキルを獲得するために使ったさまざまな知的な方法」について理解することとなります（参考文献22参照）。

第1章でケータイの事例を使いながら述べたように、人は単純に話されただけではほとんど学ぶことができません。学習者には、情報を加工するために「足場」［**訳者コラム**参照］と「サポ

訳者コラム

足場

足場ないし足場かけ（scaffolding）は、英語圏では教育用語として広範に使われていますが、日本ではあまり知られていません。足場かけは、指導する側に決まったスケジュールがあり、その通りにやらせるというものではなく、指導者が、子ども（学習者）が今どういう状態にあり、その発達の最近接領域がどこにあるのかを見極めて、最良の環境を与えることを指します。具体的には、子どもが自分でできるところについてはあまり介入せず、子どものできないことを補い、発達を手助けすることであり、それによって遂行できるレベルの課題が与えられたとき、子どもの発達は自ずと促されることになります。（「日本語教師のページ、足場」で検索したサイトを参照）

ート」が必要なのです。この事実はすべての教室での実践において密接に関係しています。

教師として、自分は説明しているのか、それとも単に話しているだけなのかを継続して問い続けてください。この問いは、とくに中学校、高校、大学で教える教師たちにとって大きな影響をもたらします。よい講義は、教師の思考に生徒たちを巻き込み、読めば分かるような情報の受け売りはしま

（2）　メタ認知とは、自分の思考や行動を客観的に認識することです。したがって、メタ認知的な思考は、自分の思考や行動を客観的に認識して考えている状態を指します。「考え聞かせ」は、これを生徒に見せる方法としてとても効果的な方法と言えます。

せん。教師から流し込まれるたくさんの情報は、生徒たちには必要ないのです。よい講義は、クリティカルな思考を見本で示してくれるのです。それは、次のようなことを通して行われます。[3]「教師が自分の思い込みを問いただしたり、自分の立場が抱えている見えにくい倫理的ジレンマを認めたり、意図的に見落とした都合の悪い事実や理論や哲学などに言及したり、違った視点への寛容さを示したりする」（参考文献11参照）

一般的に価値ある講義は短いものが多いのですが、最後に、新しい言葉や概念を媒介にしてアイディアとアイディアの間にある関連を描き出します。

各州共通の基礎スタンダード（CCSS）は高い学習への期待を要求しています（参考文献72・73参照）。そして、多くの教師が、生徒たちをその期待値に導くことができるのかどうかと心配しています。というのも、既存のスタンダードを達成するのに四苦八苦しているからです。しかしながら、既存の州レベルのスタンダードから各州共通の基礎スタンダードに移行するということは、より高い目標への努力を受け入れるだけでなく、事実を教えることから考え方を教えることへの移行も意味しています。

教師たちは今、自らを知識の伝達者ではなく、クリティカルな思考、論理的思考、討論などにおけるファシリテーターとしての役割に転換しつつあります。もし、生徒たちにクリティカルな思考に取り組んで欲しいのなら、言うまでもなく、自らがクリティカルな思考をする人でなければばなりません。

第2章の目的は、生徒に内容や方法、そしてスキルを教える際に用いる具体的な指導方法について検討することです。指導方法に含まれるのは、目的を設定すること、見本を示すこと、実演すること、もしくは考え聞かせをすることで、生徒たちに学習の準備をさせるために必須となるものです。私たちは、それらがあたかも別々なものであるかのように見ていきますが、実際に焦点を絞った指導のなかで使うときは、それらを一緒に使ったほうが効果的となります。

焦点を絞った指導の四つ目の方法は、教師の頭の中で起こる現象、「気づくこと」です。これは、熟達した教師が生徒の学習を注意深く観察しているときに、学びの責任が教師から生徒に移行することを指します。気づくことは、スポーツ選手が新しいやり方を試す際に、コーチが注意深く観察する姿に似ています。

コーチは、無意味に選手の近くに立っているわけではありません。注意深く観察しているのです。選手のスキルを向上させるために、次のステップでは何をしたらいいのかを判断するために見ているのです。気づくことは、焦点を絞った指導と教師がガイドする指導の要（かなめ）となります。

第1章で指摘したように、責任の移行モデルの各段階で教師と生徒が担う責任の割合は異なり

（3）　二九ページの注（24）を参照してください。

ます。この責任の区分は、授業中に割く時間を決定づけるものとして理解してはいけません。焦点を絞った指導には、目的を設定すること、見本を示すことないし実演すること、考え聞かせをすること、そして気づくことが含まれています。時間的には長くありませんが、この部分はとてもパワフルなものです。

教師は、生徒たちの関心を惹いて、この時間に彼らが学ぶ概念やスキルや方法を紹介し、教えるべきことが生徒に理解できるように、実際に指導方法を遂行します。「教える内容を生徒に理解できるように」することは、焦点を絞った指導の段階においてはとても大切となります。(4) というのも、生徒が新しい知識を獲得するためには目的を理解することが不可欠だからです。

また、自分よりも知識をもった人（通常は教師）がその知識や方法を使いこなしている姿を目の当たりにする必要もあります。さらに、より知識をもった人の頭の中に招き入れられる（その頭の中で、どのようなことが行われているのかを知る）必要もあります。

「招き入れる」ことは、教師自らの考えを共有することによって可能となります。具体的には、自分が抱えている課題がどういうものなのかが分かっているだけでなく、課題を無事完成するためにはどのような判断をしなければならないのかなどについて説明することによってです。さらに生徒には、教師が試す姿を注意深く観察し、継続してコーチングや足場を提供してくれるという知識をもった人の存在も必要となります。

焦点を絞った指導を省略してしまうという愚行

この段階は短いこともあって、いくつかの事実や指示を提供するだけで、急いで通りすぎることがあります。ある教師が次のように尋ねました。

「私たちは、常に、生徒にすべての目的を提供しなければならないのですか？　教師が読むように言い、生徒がそれを読むのではまずいのですか？」

もし、生徒に求めていることが「従順でしかない」ならそれで十分でしょうが、学校での目標は常に学ぶことです。生徒に指示をするだけで、「なぜ」「どう」「いつ」について説明しないのは、生徒自身が学ぶ動機とスキルをすでにもっているということを前提にしているからです。確かに、ごく少数の生徒は「なぜ」「どう」「いつ」についての情報がなくても学べますが、ほとんどの生徒は学べません。

焦点を絞った指導の大事な要素の一つは、目的を設定することです。それは生徒に、今日何を

（４）　これが達成されないと、生徒たちにとっては意味のないことを教師一人が頑張り続ける様子をただ観察するという状態になってしまい、残りのことに費やす厖大な時間が無駄になってしまいます。

学ぶのか、今日その知識をどのように応用するのかなどを伝えることで確実になります。

目的を設定することは、するべきことを単に共有するということではありません（もちろん、それも可能ですが）。するべきことは、通常の場合、生徒が課題をやり遂げるための順序に焦点を当てています。つまり、「何」[5]だけです。さらに、授業の目的を伝えることは内容に対する興味の引き金になるので、学習に対する期待を喚起します。学習目標が明確だと生徒たちはそれを達成する可能性が高くなる、という研究結果がたくさん発表されています（参考文献54・99参照）。

目的を設定する二つ目の特徴は、ほとんど注目されることのない動機づけに関係します。動機づけと成功することとの関連は否定できません。誰も、繰り返し失敗することを望んでいません（これが、執筆者の一人であるナンシーがスキーを辞めた理由です！）。しかしながら、もし成功した場合はよい気分を味わうことになるので、継続的に取り組む可能性が高くなります。目標に向かって進歩している様子が見えることほど、確実な動機づけはないのです。

明確な学習目標を設定し、生徒が何を期待しているのか、そしてどのようにそれを達成することができるのかについて知っていることは、段階的に成功することを助け、取り組みを継続するだけの動機づけを維持することに役立ちます。

焦点を絞った指導を省略してしまうことのリスクが大きいというもう一つの理由は、情報を加工する専門家が頭の中で行っていることを生徒が分かっているという前提で教師が指導しているからです。私たちの経験では、この前提は正しくありません。それどころか、専門家の考えを、常に自信があり、直線的で揺るぎないものという間違った捉え方をしています。

二次方程式の計算をしている数学教師をじっと見ている生徒には、教師が頭の中で因数分解をしたり、係数を区分けしたりする方法を試行錯誤している様子を見ることはできません。生徒が見ているのは、教師が難しい問題を完璧に解いている姿だけです。

結果的に多くの生徒は、「こんな難しい問題が解けるかな?」と自問し、(まったく理解できないし、自分をバカだと思うしかないので)「解けるわけがないよ」とか、(数学は嫌いなのでまったく理解できないし、そもそも解く必要があるのかと自問し)「自分は解かない」という選択をすることになります。生徒の動機づけは下がり、姿勢がどんどん悪くなり、最後は頭が教科書の上に乗った状態となります(本を枕に寝たら、書いてあることが全部覚えられたらいいですね⁉)。

見本を示したり、演じたり、直接説明したりする焦点を絞った指導に考え聞かせが加わると、専門家の頭の中で意思決定がどのように行われ、複雑なアイディアやプロセスがどのように行われているのかを生徒たちは見ることができるのです[6]。

---

(5)　するべきことは、「何」をどうするかに焦点が当たっているのに対して、目的は「なぜ」に焦点を当てていると解釈することができます。

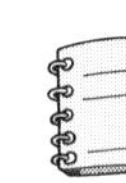

焦点を絞った指導の重要な特徴

焦点を絞った指導の特徴は、すでに紹介したように、「目的を設定すること」「見本を示すこと（実演してみせること）」「考え聞かせをすること」、そして「気づくこと」です。ここでは、それらについてより詳細に検討し、具体的にどのように使いこなすのかについて紹介をしていきます。

目的を設定すること

焦点を絞った指導の一番目の特徴は、学習の目的を設定することです。すでに述べたように、目的ないし目標を設定することは指導において欠かせないものとなります（参考文献20参照）。授業における明確な目標が欠落していては、生徒は自分がさせられている活動（たとえば、取り組む課題としてリストアップされているもの）と、なぜそれをさせられているのか（すなわち、それをいつ、どこで、どのように応用できるか）との間に関係を見いだすことができません（参考文献20参照）。

残念なことに多くの教育現場では、目的を設定するという学ぶことに関するよい考えが正しく使われておらず、授業に関係する目標を教師が黒板に貼り出すというレベルでお茶を濁しています。

目標ないし、それの裏返しとなる評価規準を貼り出すだけでは、生徒に目的を明確にすることはできません。書き出された目標（評価規準）があまりにも大まかすぎるうえに、それに対する注釈（子どもが理解できるレベルの説明）もないような状態で貼られていては、単なる壁紙でしかありません。生徒には、目的設定の過程にかかわる必要があるほか、目的について話し合う必要があります。そして、指導の目標について理解する必要があります。生徒たちは、授業の目的と、その目的に関連する課題についての明確な説明を必要としているのです。

第1章で指摘したように、教師は内容、言葉、関係（社会的）という三つの領域で目的を設定することができます。第1章で示した事例は算数のクラスのものでした。今度は、理科のクラスからの事例について考えてみてください。始業ベルが鳴ると同時に、黒板に書かれた「小さな子どもが食物連鎖ってなーにと尋ねてきたので、私は次のように説明します」という課題に小学四年生が答えたあと、教師は次のように述べる形で目的を設定しました。

（6）　この文章を下訳の段階で読み、まだ考え聞かせを導入していない教師から次のようなコメントをもらいました。「つい、私たちが自動的にやっていることを、考え聞かせを通して再現することは必要だと思いました。将棋や囲碁などにおいて、一手一手の意図を説明しながら検討することと同じです」

課題から、私たちはまだ食物連鎖について学習していることが分かります。今日は、食物連鎖のなかの主要な物質ないしエネルギー源である植物について学びます。食物連鎖についてより良い理解を得るために私たちは、主要な物質ないしエネルギー源としての植物についてもっと知る必要があります。その際には、草食動物、肉食動物、雑食動物、分解生物などの物質ないしエネルギー源の生産者と消費者に関してカギとなる言葉に注目する必要があります。また、何かを書く場合には、その一部だけを書くのではなく、完全な文章(7)として書くようにしてください。

最後に、社会的な面での今週の目標は、ほかの人が話しているときはよく耳を傾けて聞くことです。これらのことを達成するために、私は植物のことについてあなた方に対して読んだり、話したりしますし、そのあとで、あなた方も植物について読んだり、話したり、書いたりします。なかには、コンピュータを使ってネット検索をする人もいるでしょうし、死んだ植物や動物をリサイクルする菌類、昆虫、微生物などの分解生物についてもっと読み続けようとする人がいるかもしれません。さらに、このテーマに関する映像を見る人たちもいます。

授業のどの時点で目的を設定したのかについて注目してください。この場合は、生徒が個別の取り組みをしたあとでした。私たちが提唱する責任の移行モデルは、決まりきったように直線的

に進むものではないことをしっかりと心に留めておいてください。また、ここで設定された目的では、理解に関する確認の仕方も明確にされていました。それは、生徒と教師の両者が、この授業を通して学んだ証拠として何が得られるのかを知っていたからです。それは同時に、授業の違った段階に進んだ際、生徒に学習目標が何であったのかを思い出させる方法として役立ちます。生徒は学習目標が何であるかを含めた活動の指示に注意を向けているので、自分がなぜ学習しているのかについて見失うことがありません。最終的に、設定された目的に戻ることは、授業を終わりにするとても効果的な方法となります。

見本を示すことと実演してみせること

焦点を絞った指導の二つ目の特徴は、見本を示すことと実演してみせることです。見本を示すことは、読んだり、書いたり、算数・数学をしたりといった思考プロセスを実際にしてみせるときに使われ、実演してみせることは、野球のバットを振るときの立ち方や理科の授業で用いるガ

(7)　本書では、①内容、②言語、③社会の三つの側面の目標を明確にすることで、指導を行おうとしています。「完全な文章」は二番目に含まれています。自分のジャーナルやレポートを書くとき、しっかりと主語、述語、目的語など、必要な要素がすべて備わっている文章のことです。

スバーナーの使い方を教えるときなど、肉体的な動きを伴う場合に使われます。

あなたが学びたいと思った何か難しいことを、オンライン動画で見ようとしたときのことを思い出してください。たとえば、フランス料理のスフレのつくり方であれ、フライフィッシングのキャスティングについてであろうと、動画では専門家が何をどのようにしているのかをナレーションで解説しています。言語と視覚の両方で説明があると、課題の重要な要素が分かりやすくなります。見本を示すことと実演してみせることの特徴は、これらに非常に似ています。国語の教師が、二つの文章を一つにする方法を説明する際の見本を紹介しましょう。

❶**方法かスキルか、課題を明確にする**――「今日は、より面白く、複雑な文章にするために、二つの文章を一つにする方法を紹介します」

❷**方法かスキルか、課題の目的を述べる**――「書き手は、繰り返しや、ぎくしゃくした文章を避ける必要があります。二つないし複数の文章を一つにすることは、読みやすい文章にするための一つの方法となります」

❸**方法やスキルが使われる場面を説明する**――「文章を書いたあとにそれを読み直してみたら、ぎくしゃくした文章や情報の不必要な繰り返しに気づきました。そんな発見をしたとき、私は文章を組み合わせる方法を考えます」

❹**新しい学びをすでにもっている知識と結びつけるためにたとえを使う――**「私はこのことを、読者がたどれる真っすぐな線にすること、と捉えています。ぎくしゃくした文章や重複する文章を取り除ければ、読者は一直線にアイディアをたどれるようになります」

❺**方法やスキルを遂行する仕方を示す――**「これらは、三つの短いぎくしゃくした文章です。そこには繰り返しがあるので、削除できる情報を探します。それから、三つの文章を長い、より面白い一つの文章にします」

❻**生徒たちに間違いを犯さないように警告する――**「意味を失ってしまうほど、情報を削除しないように注意します。また、文章が長くなりすぎないようにも注意します。あまり文章が長いと、読者が意味を理解することが難しくなってしまうからです」

❼**方法やスキルの使い方を振り返る――**「新しい文章が意味をなしているか、読み直します」

見本を示したり、実演してみせたりすることは、単に見せるということではありません。学習者が理解できるように、語って聞かせるための話し言葉による物語がそれには付随してきます。もし、スキルや方法を単に話して聞かされるだけでなく見本として示されたなら、応用したり、気をつける点に注意したり、できたことを分析したりするためのより深い理解を学習者は獲得することになります［**訳者コラム**参照］。

訳者コラム

見本を示す

効果的な教え方であるにもかかわらず、「見本を示す」ということほど日本において軽視されている教え方はありません。生徒が、

「自分もあのようになりたい」

「あのようにやってみたい」

と思うほどのものを提示することができれば、教える必要などはないのです。よい教師と言われる人たちは、それを知ってか知らずか、モデルを示すことを自然にやっているのかもしれません。


教える際におけるモデルの大切さについては、「PLC 便り」と「WW/RW 便り」のサイトを開いて、左上の検索スペースに「モデル」と入力して検索すると、たくさんの参考になる情報が得られます。


なかでも、傑出した教師による見本の示し方を紹介している記事を次のアドレスないし「WW/RW 便り」の「2017年４月12日」で読むことができます。

（http://wwletter.blogspot.jp/2017/04/12.html）


また、Nancie Atwell 著　*In the Middle: A Lifetime of Learnng About Writing, Reading and Adolescents* (third edition) という本は、初版が刊行された1980年代末から「ライティング・ワークショップとリーディング・ワークショップの金字塔的な実践」と言われ続けてきたものですが、ようやく、その日本語訳を2018年夏に三省堂から出版することになりました。この本の中では、教師による見本がたくさん紹介されています。

これは何か？（**宣言**）、これをどう使うのか？（**手続き**）、いつ、どこで使うのか？（**条件**）、自分が正しく使えたことはどうして分かるのか？（**振り返り**）という、学習の四つの段階とも一致していることが分かります（参考文献４参照）。

あなたはまた、見本が示されているなかにメタ認知の要素を見ることになるでしょう。生徒たちは、単に何かができるように教わるわけではありません。自分たちが学んだことについて、正しく使えているかどうかを分析する準備も同時にされるのです。

実演してみせることは、動き、筋肉の動きを伴う協調、複雑な身体的要素を含む活動に適しています。ブレンダ・ラトナー先生が中学校の美術クラスで水彩画の授業をはじめたところを見てみましょう。

最終的に満足のいく作品をつくり上げるために、生徒たちには水彩用の画用紙の延ばし方を学ぶ必要があります。まず、紙、アート用のテープ、水、二つのスポンジ、紙を敷く板など、活動をするために必要となるすべての材料の名前をラトナー先生は言いはじめました。そして次に、やり方を説明しました。

——最初にする必要があるのは、紙のどちらの面を上にして使うかを確認することです。どちらも使えるのですが、絵の具がよりしっかり留まるので、私は粗い面を使うほうが好きです。

両面を手でなでることによって、どちらが粗いかは分かります。

紙は、数分間水に浸す必要がありますので、水の入った容器に紙を入れ、タイマーを三分間に設定します。これで、忘れずに済みます。容器には室温ぐらいの水を入れます。熱いお湯だと、紙を台無しにしてしまう可能性があります。

容器に浸している間、板に紙を貼るためのテープを切ります。テープの長さは、紙の長さや幅よりも短くならないように注意する必要があります。もし短いと、紙はおかしな形で乾燥することになりますし、大きな気泡ができてしまうかもしれません。

タイマーが鳴りました。ラトナー先生が説明を続けます。

紙を持ち上げるときも注意が必要です。できるだけ多くの水がなくなったほうがいいのです。乾燥するまでに時間がかかりすぎてしまうので、びしょ濡れの紙を板に貼りつけることはありません。

先生は、いま考えていることやしていることについて説明をしながら、水気が切れるように紙を容器の上に掲げます。

もう十分です。これ以上、水を切ることはできないと思います。容器に落ちる水の量をずっと見ていますが、徐々に遅くなって、もうほとんど水が垂れてきません。

ほかの方法もあります。紙を板の上に敷いて、このスポンジを使って吸い取るのです。もちろん、スポンジがきれいであることは確認済みです。いまから、紙の上から下までスポンジでなでます。スポンジは、紙を滑らかにしながら水を吸収していきます。

さて、紙が滑らかになったので、紙をテープで止めます。このテープは、片面だけ粘着性をもっています。そのために水が必要です。テープに水をつけるためには、茶色のスポンジを使います。使い分けることによって、テープのためのスポンジと、紙の表面を滑らかにするスポンジが混同しません。

なぜそうするか分かりますか？　テープに付着している粘着液がスポンジに吸収されてしまうからです。もし間違って、紙を滑らかにするためにそのスポンジを使ってしまうと、テープの粘着液が付着して紙をダメにしてしまいます。

ラトナー先生は紙の縁にテープを貼り、紙を板に貼りつけながら続けました。

——できました。一晩かけて乾燥させる必要があります。明日、確認するときには、ピンと張って滑らかになっていることでしょう。紙は乾燥すると収縮して、少し小さくなります。しかし、テープが元の位置に留めようとするので紙がピンと張るのです。絵の具を塗るときは、表面は滑らかで、水彩で描いても皺が寄りません。

この実演例では、実際の手順だけでなく、次のステップに移るタイミングをどのように見抜くのかということまで含まれていました。作業を終了するにあたって、避けるべき過ちについてもラトナー先生は丁寧に言及していたことにあなたも気づいたことでしょう。

ここで紹介した言葉による説明、より一般的には「考え聞かせ」と呼ばれている方法は、焦点を絞った指導の三番目の特徴となります。

考え聞かせをすること

効果的な考え聞かせをする際にカギとなるのは、一人称を使って、どのように決断するのか、スキルを実施するのか、問題解決を遂行するのか、成功裏に行えたかを判断するのか、を説明することとなります。考え聞かせのことを、「うまく作業を終わらせる秘訣を生徒に知らせること」と紹介している人もいます（参考文献25参照）。

考え聞かせは、その道の専門家が「宣言」「手続き」「条件」「振り返り」の四つ（五一ページ参照）を流暢に統合する様子を、生徒たちが目の当たりにするといった機会も提供します。前著において私たちは、効果的な考え聞かせをつくる際の五つのカギとなるポイントをまとめていますので、ここで紹介させていただきます（参考文献36参照）。

❶考え聞かせの焦点は短めにする——考え聞かせは、夢中になりすぎてコントロールがきかなくなる可能性があります。そうなると、自分の頭に浮かんだすべてのことを長ったらしく話すという、とりとめのない独白になってしまいます。

一つの算数・数学の文章題や手順を示す一例など、身近な文章を題材に選んでください。たくさんの細かいことで生徒を混乱させるよりも、短いけれども効果的な考え聞かせをしたほうがはるかによいのです。

❷考え聞かせを準備するときは、自分自身の思考の過程に注意を払う——もし、あなたがそのことについての専門家である場合は、これをすることはとても難しくなります。ある研究者が、「専門家の盲点」と呼ぶ現象について以下のように説明しています。

「特定の分野に精通しているということは、その分野が長年築き上げた知識の構造に従えば自然に学べると仮定してしまい、初心者のニーズや生徒一人ひとりのこれまでの成長履歴を無視

しがちとなる」[8]（参考文献69参照）

言い換えると、もし何かに精通している時間が長いと、自分にとって新鮮だったころのことを思い出すことができず、自分自身の学びの歩みをたどり直すことが困難である、ということです。効果的な考え聞かせとは、自分がどのように理解したのかという思考のプロセスを分かりやすく説明することになります。

❸考え聞かせをするときは、自分の考えを口に出して言う——これをするには、たくさんの「私」という主語を文章に使うことになりますが、慣れないうちは嘘っぽく感じてしまいます。その理由は、教師として生徒に情報を伝えるときに、「あなた」を主語にした文章を使うことに慣れきっているからです。「あなた」という文章の問題点は、専門家がどのように考えているのかを見えるようにすることなく、自分たちの教え方を、説明を基調にしたものに戻してしまうところにあります。

また、専門用語を使いすぎないようにしてください。あなたが、「太陽系の図に含まれているものを分析しはじめたところ、すぐに太陽系に含まれているはずの小さな惑星などが描かれていないことに私は気づきました」よりも、「なんと、この太陽系の図を私が最初に見たとき、小惑星帯[9]や準惑星などが描かれていないことに気づきました」と言ったほうが生徒たちには分かりやすくなるのです。

❹**自分がその道の専門家であるかのように考える**――考え聞かせを本物のようにするために、あなたの専門性を教室外に置いてくる必要はありません。教科指導の専門家として、あなたは生徒と共有できる独自の見識をすでにもっています。効果的な考え聞かせは、数学者、科学者、画家、歴史家、スポーツ選手、文芸評論家がどのように考えるのかを生徒の前で示すという機会をあなたに提供していることになります。

❺**自分の認識とメタ認知のプロセスに名前をつける**――名づけることは、生徒たちがメタ認知的な思考ができるようになるために欠かすことができません。掛け算の結合法則を使うときや、歴史の授業で一次資料を扱うときは、実際にしていることを生徒に話すのです。それらが、生徒に教えるメタ認知的なアプローチだからです。

加えて、あなたが問題解決する際（これはうまくいかなかったので、ほかの式を試す必要があります）や新しい知識を得る際（この記事を読むまで、知らなかったことです！）、また自分の学び方を調整する際（誰が書いたのかを知っていればよりうまく校正ができるので、私はいつも書き手が誰かをまず探します）に、自分のメタ認知も示します。

（8）教育の分野でも、この過失には事欠きません。たとえば、日本史や世界史を古代から現代まで追う形で学ぶことを含めて系統的に学ぶことが一番よいという考え方は、この「専門家の盲点」の典型と言えます。

（9）小惑星が密集している火星軌道と木星軌道の間の領域のことです。

中学校や高校においても、各教科の教師がたくさんの情報が詰まった本を授業で使うため、考え聞かせの実践が教えることの中心になりつつあります。それらに書かれている内容を生徒に理解させるために、教師は考え聞かせをすることが有効だと考えているのです。とくに、論証と数学の問題解決を中心に各州共通の基礎スタンダード［一九ページの注（17）を参照］への期待が高まるなか、教師が日常的に考え聞かせをすることはより重要性を増し続けています。

これをするときに大切なことは、生徒たちに教師の考え聞かせをする文章が見えることです。多くの教師が、ＯＨＣで映し出すか、コピーを生徒たちに配るかして、どこの文章について考え聞かせをしているのかが分かるようにしています。

しかしながら、いずれの場合においても思考しているのが誰かを考えてください。生徒はおとなしく聞くだけで、教師が読みながら考えているものです。教師は読み聞かせをしながら、時には読んだことについての考え聞かせを行い、読んだ文章を理解するためにどのように考えたのかについて説明をする必要があります。

具体的な例を示しましょう。クレイグ・ブラウンリー先生は、高校二年生を受け持つ生物の教師です。彼はいま、人間の免疫反応についての単元を教えていますが、生徒たちは病気と闘う食細胞の役割を理解するのに苦しんでいます。先生は、次の文章を読み聞かせしました。

「食細胞は、怪我などによってつくられた破片や死んだ細胞などの異物を分解します。怪我したところを包み込み、異物を飲み込んで、食作用と呼ばれるプロセスで分解してしまうのです」

ブラウンリー先生は、この文章が誤解されやすいいくつかの概念を含んでいることを知っていますので、一息入れてから考え聞かせをはじめました。

最初に食細胞について学んだとき、それが何をするのかさっぱり理解できませんでした。しばらくしてから生物学の教授が、食細胞とは「食べてしまう細胞」だと教えてくれたのです。このことは、私の理解の助けになりました。食細胞は、私たちが食べるようには食べません。その代わり、そこにあってはならないゴミを飲み込んでしまうのです。

この文章のなかに、そのアイディアについて思い出させてくれる言葉が含まれています。「engulf（飲み込む）」は、「何かを飲み込む」ないし「包囲する／包み込み」という意味です。そこから、文章のなかのもう一つのキーワードである食作用につなげることができます。「osis」で終わる言葉を見ると、それはプロセスについてのものであることが分かります。したがって、食作用（phagocytosis）は食細胞（phagocyte）が用いるプロセス（-osis）のこととなります。

食細胞とは、何かを食べてしまう、そこにあってはいけないと思ったものを飲み込んでしまう細胞です。この文章を分解することで理解ができるようになるのです。そして、科学用語の起源に立ち戻ることの助けにもなります。さらに、文章の他の言葉を利用しながら自分の理解を確認するのです。

ここでブラウンニー先生は、生物学者がこのような文章を理解する際の方法を見本として示しています。彼は、運に任して生徒たちが気づけるようになるのではなく、自分が使った方法も明確に示していました。

考え聞かせをする目的は、初心者にその道の専門家がどのように考えたり、スキルを使いこなしたりするのかを理解してもらうこととなります。そして、もう一つの目的は、生徒に自分の思考プロセスに気づくように促すための準備をすることです。このメタ認知的な気づきは、生徒が自分の学びについて理解を深めるために欠かすことができません。[10] これは、生徒が自らの考えを言葉で表現することを要求する、「教師がガイドする指導」と「協働学習」の段階で非常に大きな助けとなります。

気づくこと[11]

焦点を絞った指導の四番目となる気づくことも、教えることには欠かせないものです。これをどのくらいやれるかが、新米の教師か熟練の教師かを見分ける重要な要因となります（参考文献24参照）。もっとはっきり言えば、気づくことは、教える際においてもっとも信頼のおける行動様式だということです。

教科書やビデオなど、多様な学習教材で情報を提供することはできます。それに、明確な目的、すばらしい見本、効果的な考え聞かせを含めることも容易です。しかしながら、唯一できないことは、生徒たちが新しく学んだことをどのように活用しているのか、次に何をすることが求められているのかを判断することです。

これができるのは熟練の教師だけです。生徒たちが考えていることに気づいて、解釈することが、前に教えたことの効果を明らかにしたり、次にどのようなことを教えるべきかの情報を提供してくれたりするということを、熟練の教師たちは認識しています。

---

(10)「考え聞かせ」に興味をもたれた方は、『増補版「読む力」はこうしてつける』や『読み聞かせは魔法！』なども参考にしてください。日本で、すでに考え聞かせを実践している先生から次のようなコメントがありました。「考え聞かせは、教師の土台に生徒を上げさせる行為でもあり、自分をさらけ出す行為でもあるかもしれません。先生と生徒との間に超えがたい間隔をつくっている教師ならば、考え聞かせは躊躇するかもしれません。教師の〝手の内を見せる〟ことは、それが我流であっても子どもたちには有益です」

(11)ニュアンスとしては、日本でよく言われる「見取り」に近いと思います。しかし、残念ながら、見取りの具体的な方法を実践している教師は、その言葉が使われる頻度とは裏腹にかなり低いという現実が続いています。

気づくことは、評価することではありません。新米の教師は、「生徒は正しいか間違っているか？」という、あまりにも単純な物差しを使いがちとなります。このような形の評価には問題があります。なぜなら、それがチャレンジの度合いを引き下げて、足場を提供する代わりに、活動の複雑度を和らげる（より容易に理解できるようにする）判断を教師にさせてしまうことになるからです。

ある研究者が、中学校と高校の数学教師を対象にして、新米と熟練の気づき方の違いによって、その後の教え方にどのような影響があるのかについて研究をしました。どのケースでも新米の教師は、「生徒への選択肢を少なくし、生徒自らが使った方法を説明したり、それらを振り返ったりすることによって、関連性が築ける機会を少なくすることで」課題の質を下げていました。それに対して熟練の教師は、「生徒に自分の考えを説明させたり、クラスメイトの考えにしっかり耳を傾けたりして、熱心に数学的なやり取りに取り組ませていました」（参考文献15参照）。

一例を挙げると、ある教師は三〇分にわたるクラス全体の指導のなかで、説明と理由を述べるように一八回も生徒たちに求めていました。教師のこうした行動様式こそが、「教師がガイドする指導」への移行に役立つのです。教師は観察し、聴き、そして教科について、生徒がもつであろう誤解や部分的な理解について把握します。そして、それらの知識を使って、教師がガイドする指導に移行する際に必要となる質問やヒント、そして指示［これら三つは、次章で詳しく紹介されます」を考えだすのです。

もう一つの例を紹介しましょう。ティナ・ングエン先生は、幾何の授業で目的を設定しようとしています。それは、三角形の外角を計算するというものです。彼女は同時に、言葉（用語を話し合いや証明に取り入れること）と社会的な目標（グループ・プロジェクトでクラスメイトと協力すること）についても説明しました。

生徒たちがグループに分かれて問題を解いたり証明したりする前に、ングエン先生は自分の数学的思考を解説しながら、そのやり方を見本として示しました。「三角形の外角は、それに隣接しない二つの内角の和に等しい」と、彼女は定理を読み上げました。それから、彼女がその定理を自分がどのように理解したかを説明したのです。

――和とは「足すこと」だと知っていますよね。何かを足したときに得られる答えのことです。

(12)　ここでの評価は、出来の良し悪しを判断することや成績をつけることと同義です。しかし、評価にはもっと広い意味があります。よく使われるのは、診断的（事前）評価、形成的（継続的）評価、そして総括的（最終）評価です。学習目標に対して生徒たちの今ある状態をできるだけ正しく把握するために行われる診断的評価と形成的評価の目的は、生徒がより良く学べるようにすることと、教師がより良く教えられるようにすることです。一四ページの「訳者コラム　形成的評価」も参照してください。

また、「隣接しない（non-adjacent）」とは「近くにないこと」を意味します。「non」は否定形を意味し、「adjacent」は「隣」や「近く」を意味します。

　したがって、この定理は、三角形の外角（三角形の一つの外側を指しながら）の角度は、私が求めようとしている外角とは接していない残り二つの内角の和に等しい、と言っているわけです。隣接しない内角のことを「離れたところにある内角」と言う人がいますが、それを知っていたからといって助けになるわけではありません。

　次に、ングエン先生は問題を見ました。

「頂点がＰＱＲの三角形のとき、Ｑの内角が45度とＲの内角が72度の場合、Ｐの外角を求めなさい」

　彼女は再び、直接的な説明を使って自分の考えを共有しました。

　はじめましょう。私は、一つの内角は45度、もう一つの内角は72度であることを知っています。待って、頭の中でやる必要はないわ。図を描きだすことがいつも助けになりますから。そう、与えられている情報をそこに書きだすのです。

　どれどれ、実際に書き込むとこうです。理解しやすくなったかしら。どれが、私が求める

——必要のある隣接しない二つの内角かを見ることができます。とても簡単です！　いまとなっては単なる計算問題です。もう、次の問題に取り組むことができます。

こんな調子でングエン先生はあと二つの例を説明し、それから各自、自分の机の上にある小さなホワイトボードを使って別の問題を試してみるように言いました。生徒たちが取り組むのを観察しながら、生徒がどのような間違いをするのか、またうまく解くのかを見ます。

彼女は、生徒たちに自分の答えをパートナーと共有させ、そのやり取りを聞くために回りました。彼女がとくに注意していたことは、前に教えた内容との関連づけを生徒たちが行っていたか、ということでした。つまり、自分の答えを正当化するために、数学のモデルを使っているのかどうかを見ていたのです。

もっとも大切なことは、焦点を絞った指導に留まるべきか、それとも教師がガイドする指導に移行すべきかを判断するために、見たり聞いたりすることを使っていたということです。彼女は評価をしていませんでした。もちろん、どれだけの正解と間違いがあるのかを、集計するようなこともしていませんでした。そうではなく、生徒たちのしていることをもとに、適切な質問やヒント、そして指示など（教師がガイドする指導）を提供することで、彼らの理解を助ける足場を提供するために何ができるのかを判断していたのです。

このケースの場合、生徒たちは結構多くの間違いをしました。こんなとき、新米の教師ならば次の問題を簡単にするといった対応をとりがちですが、熟練した教師であるングエン先生は、生徒たちの思考を鍛えるためには複雑な問題に挑戦する必要があることを知っています。と同時に彼女は、生徒たちの何となく（勘や予想レベルで）できるところから自信をもって正解が導ける（正しい論理的思考ができる）ようにすることを、自らの役割として捉えています。

「少なくとも一〇分間は、この問題に取り組んでいました」と、ングエン先生は振り返りました。「おもしろかったのは、その時間のなかで徐々に、私が見本と考え聞かせで示したことを、より多くの生徒がやりはじめたことです。使う言葉を提供し、私がどのように考えているかを示すことは、生徒たちが自分の考えを表明しようとする際、私と似たような理由づけを使いはじめるという効果があるのです」

焦点を絞った指導の間に行う形成的評価

指導のすべての段階で、生徒たちの理解度を確認する方法が伴われるべきです。[13] 焦点を絞った指導の段階では、口頭か文字による要約で行われます。年少の子どもたちの場合、自分たちが学んだことの要約をパートナーと共有する方法が使われます。彼らのやり取りを聞いて、それをメモします。

教師が記録に取ったものを、OHC、コンピュータ画面をビデオに拡大したもの、対話型ホワイトボードなどに映しだすことで、やり取りの正確さや網羅性（網羅されている度合い）につい

---

(13)　これは、「形成的評価」ないし「学びのための評価」と言い換えることができます。指導と評価の一体化とは、まさにこのことを指しているのですが、それが言い出されてから二〇年以上が経つ日本では、いまだ実現されていません。詳しくは、『テストだけでは測れない！』『ようこそ、一人ひとりをいかす教室へ』および続編の『一人ひとりをいかす評価（仮題）』『読書家の時間』（とくに第8章）を参考にしてください。

「生徒たちの理解度を確認する方法」＝形成的評価がいまだに日本でほとんど行われていない理由として考えられるのは、「教科書＝指導案中心の授業」と「授業／カリキュラム設計における順番」という問題です。前者は、本来の主役である生徒たちがどこかに飛んでしまって、教科書ないし指導案が主役であり続けている問題なので単純です（しかし、深刻です！）が、後者については少し説明します。従来の授業／カリキュラム設計は、①学習目標設定→②指導計画の策定→③授業の実施→④評価（テスト）の作成と実施という流れで行われています。つまり、評価は最後まで考えなくていいのです。それを、①学習目標の設定→④目標を実現するための評価の検討→②目標と評価を同時に実現する指導計画の策定（必然的に、形成的評価やパフォーマンス評価を重視されることになる）→③授業の実施（指導と形成的評価やパフォーマンス評価などの一体化が実現する形で授業が進む）という流れで行うのです。従来は最後だった④が①のあとに移動することで、これまでとはまったく異なる授業が行われる可能性が開け、その結果、「指導と評価の一体化」が実現されるわけです。

て話し合うことが可能となります。たとえば、「アンソニーとトリーは、自分たちのクラスは全員が投票できるので直接民主主義だけど、生徒会では代表を選んでその人たちだけが投票できるので間接的民主主義だと言いました」といった具合です。

このような形で二人だけでのやり取りをクラス全体で共有し、振り返ることは、生徒たちが何を理解しているか（あるいは誤解しているか）を明らかにします。それが、指導における次の段階の方向性を決めるのに役立つのです。

形成的評価としての価値以外にパートナーで話し合うことは、生徒たちに協力することの価値を理解してもらうのにも役立ちます。この方法は、とくにクラス全体での話し合いには参加できない、英語[14]を外国語として学んでいる子どもたちにとってとても有効となります。また生徒たちには、再話をするとき、新たに学びはじめる内容の専門用語を使うという機会を提供します。たとえば、ングエン先生が生徒たちの理解度を確認する際、彼らが説明するときに使わなければならない専門用語を伝えていました。

もう一つ加えると、このやり方は、各ペアでの話し合いをクラス全体で振り返ることで、教師に学びのコミュニティーを形成するというチャンスも提供します。とくに、発言しない子どもたちの考えを共有することで、誰もが貢献する価値をもっていることに気づきます。

年長の生徒たちは、自分に注目が集まることを好まないので、紹介するときは無記名で紹介します。そうすることで、自分が認められることを密かに喜ぶだけでなく、よいアイディアをクラス全員で共有することができます。

また、授業の最後の数分間に生徒たちが記入し、教室を出るときに教師に渡す「出口チケット」[15]（参考文献36参照）も、焦点を絞った指導の段階で使われる理解度を確認する方法となります。この出口チケットに素早く目を通すことで、翌日に教え直さなければならないことが何であるのかが明らかになります。

言葉で表してもらう代わりに、イラストや図などで理解度を表すという方法もあります。美術のラトナー先生は、水彩用の紙を延ばすステップの理解度をイラストで表現するように言いました。彼女はそれらのイラストを見ることで、生徒たちの理解度の確認をしたあと、それらを次の日に生徒たちに返し、自分たちで実際に試してみるときに役立ててもらいました。

---

(14)　再話とは、読んだ内容を簡潔にまとめて紹介してもらうことです。

(15)　一〜三分ぐらいで、授業で学んだことなどを簡単に書いてもらう紙片のことです。「ticket out the door（ないしexit ticketやexit slip）」で検索すると、それがどういうものかが見られますし、さまざまな工夫がされていることも分かります。教師にとっては、それに目を通すことによって次回以降の授業の修正・改善にいかせますし、生徒たちにとっては授業の振り返りに役立つので、一石二鳥となります。

まとめ

目的を設定したり、考え聞かせをしたり、スキルを実演したり、生徒の思考に気づいたりするためには、たくさんの方法があります。ここで紹介したのはその一部です。責任の移行モデルにおける焦点を絞った指導の段階では、目的が設定されるところからはじまる教師の指導によって、概念やスキルが生徒に提示されます。そのなかで教師は、内容、方法、スキルを見本か実演で示します。

メタ認知を促進するために、教師の考え聞かせはとても効果的となります。それによって、生徒たちは概念を理解したり、スキルを身につけたりするために使う思考のプロセスを目の当たりにすることができるからです。

そして大事なことは、生徒の考えていることを理解するために教師がよく観察することです。教師が観察することを通して行われる形成的評価が、次の段階である「教師がガイドする指導」への移行を可能にします。これら全体を通して、生徒に対しての学習目標が設定され、それらを確実に達成する可能性を高めることができるのです。

第3章 教師がガイドする指導 ― 質問、ヒント、指示

責任の移行モデルにおける「教師がガイドする指導」の段階は、考える負担が教師から生徒に移行しはじめる段階となります。この段階では、新しい状況で学んだスキルや方法を使いこなすことに挑戦する生徒のペースにあわせて、教師が後を追いはじめることになります。

それは、自転車の乗り方を教えているような感じです。とくに、自転車に乗ることを練習しはじめた子どもに寄り添って走りながら、ヨロヨロしたときは元に戻し、子どもが再びコントロールができるようになったら手を離してあげるといったようなものです。いつ手を添え、いつ手を引くかを知っていることは、まさに「教えることのアートとサイエンス（芸術と科学）だ」と言うことができます。

教師がガイドする指導の段階おいて、教師は質問する、ヒントを与える、指示をすることによって、数人の生徒がスキルや知識を身につけるための足場をかけることに重点を置きます。その

間、ほかの生徒たちは協働学習（第4章）か個別学習（第5章）に取り組むことになります。

ここで強調しておかなければならないことは、教師がガイドする指導は能力別のグループ編成とは違う、ということです。能力別のグループ編成は、特定の評価によってグループ分けされた固定的な枠組みで、生徒の能力を向上するうえにおいて効果的なアプローチとは言えず、生徒たちの自尊心を損なう可能性もあります。それに対して、教師がガイドする指導の場合は、生徒の言動や生徒のニーズは何かということを基にして教師が判断を下して行うため、決まった進め方はありません。教師にとってこれは、高い意識を維持するとともに次のような自問を続けることとなります。

・この生徒には、減数分裂と有糸分裂(1)の違いを説明してもらう前に、もう少し教え直す必要があるだろうか？
・このグループは、当時の政府の介入にまつわる論争を理解することで、ＦＤＲ(2)が大統領だった最初の一〇〇日間を批判する政治マンガを分析する用意はできているだろうか？
・異なる形で示したら、不等辺三角形を認識できない生徒がいるだろうか？

言い換えると、教師がガイドする指導は、対象とするグループによってやり方が異なるということです。もちろん、すべての生徒に毎日行うものでもありません。とくに中学校や高校で教えている場合は、すべてのグループに対して毎日会うことなどできるはずがありません。それぞれのグループに会うのは、授業の長さにもよりますが、一週間に一〜三回といったところです。

生徒たちのなかには、より頻繁に教師がガイドする指導を必要とする者もいます。そうした生徒には、意図的に多く会うようにします。この指導をする際、グループのサイズを変えることもできます。手助けの必要性が高い生徒は人数の少ないグループに分けるのです。そうすることで、話す時間を増やすことができます。

しかしながら、教師がガイドする指導は、学習に苦しんでいる生徒たちのためだけにあるわけではないことを肝に銘じてください。学年のレベルで学べている生徒も、学力のレベルが高く、学年レベルを超えて挑戦することが必要な生徒にもこのような焦点を絞った指導が必要ですし、その恩恵を受けるべきなのです。

（1）有糸分裂とは、細胞分裂の一型です。染色体や紡錘体などの糸状構造の形成を伴う細胞核の分裂様式のことで、真核生物にもっとも普遍的に見られます。皮膚などの細胞が増殖するときの体細胞分裂と、精子や卵のように配偶子が形成される過程で行われる減数分裂とがあります。https://withdom.jukendou.jp/articles/378参照。

（2）第三二代大統領フランクリン・デラノ・ルーズベルト（Franklin Delano Roosevelt, 1882〜1945）のことです。

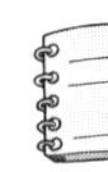

教師がガイドする指導の主な特徴

教師がガイドする指導の顕著な特徴は、足場かけの原則[3]に基づいて、教師と生徒のやり取りが巧みにつくられることです。足場かけは、質問、ヒント、指示の形で一時的なサポートを表すためのたとえとしてつくられました。生徒が一人ではまだ理解できなかったり、形成することができなかったりする概念やスキルへの橋渡しを教師が行うことを意味しています（参考文献101参照）。

教師がガイドする指導のプロセスを、**図3－1**に示したフローチャートとして考えてみてください。もし、一つの足場が役に立たないときは次に移ります。それが役立ったら、理解度を確認するための質問に戻るか、生徒の知識についてより掘り下げる形で問いただします。

三つの主要な足場かけの方法について、詳しく見ていくことにしましょう。

質問

教師がガイドする指導の基本的な前提は、生徒たちがその時点で知っていることや知らないことをベースに、極めて論理的に反応することとなります。したがって、教師がこの段階で自問す

図３－１　指導のフローチャート

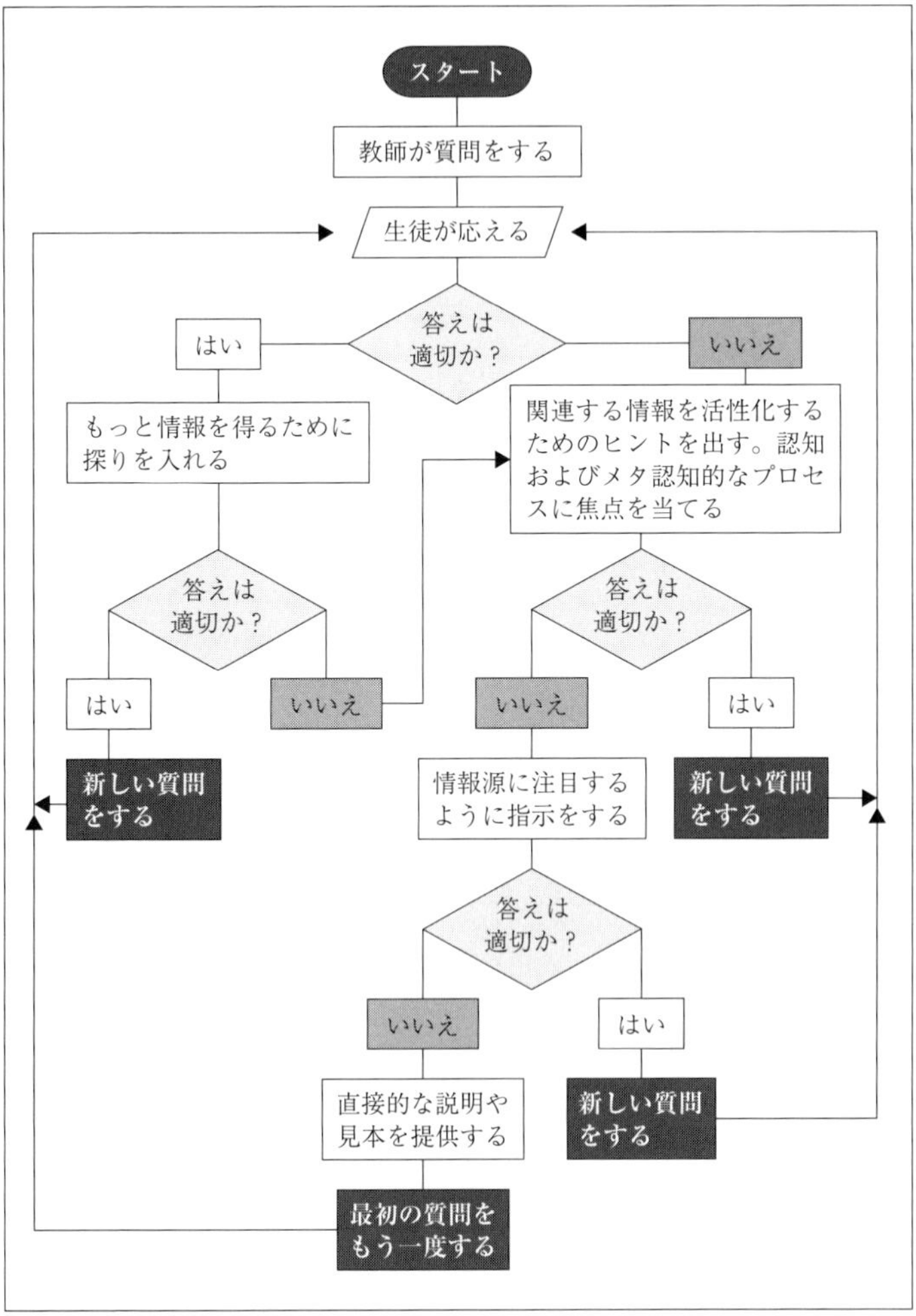

スタート
教師が質問をする
生徒が応える
答えは適切か？
はい
もっと情報を得るために探りを入れる
答えは適切か？
はい
新しい質問をする
いいえ
いいえ
関連する情報を活性化するためのヒントを出す。認知およびメタ認知的なプロセスに焦点を当てる
答えは適切か？
いいえ
情報源に注目するように指示をする
答えは適切か？
いいえ
直接的な説明や見本を提供する
最初の質問をもう一度する
はい
新しい質問をする
はい
新しい質問をする

出典：Frey, N., & Fisher, D. (2010). Identifying Instructional Moves During Guided Learning. *The Reading Teacher*, 64(2). Copyright 2010 by the International Reading Association. Used with permission.

べき問いは、生徒の答えが、この子どもの知っていることや知らないことについて、どんなことを教えてくれるのだろうか、です。理解度を確認する質問は、教師がガイドする指導の間とても重要で、とくに間違いや誤解を明らかにする質問は不可欠となります。

生徒に詳しく述べさせたり、答えをはっきり説明させたりすることは、教師がどのように反応をしたらいいか、生徒が理解するためにどのような足場をかけたらいいかの判断を助けます。たとえば、もし生徒が家（house）ではなくて馬（horse）と読んだときは、以下のようなことが考えられます。

・この生徒は、言葉に注意を払っていないかもしれない。
・この生徒は、言葉の中央部分に注意を払っていないかもしれない。
・この生徒は、言葉のなかで母音が続くときの読み方を知らないのかもしれない。

教師の反応に続いて、以下のようないくつかの仮説を設定する必要があります。

・もし、生徒が言葉に注意を払っていないのなら、「もう一度見てください。それでおかしくありませんか？」。
・もし、生徒が言葉の中央部分で問題を抱えているなら、「あなたは真ん中の部分を見落としてしまいましたね。もう一度真ん中の文字をよく見て、読み直してください」。

・もし、生徒が母音の続くときの読み方を知らないなら、「母音のoとuが続くときはau[4]と読みます。この読み方で、もう一度読み直してください」。

もちろん、足場をかけることに代わる方法として、単純に訂正するといった方法があります。「その単語は家（house）です。もう一度読み直してください」のようにです。しかしながら、訂正することの問題点として、生徒がなぜ間違えたのかという仮説を検証しないことが挙げられます。質問やヒントや指示を使った足場かけの場合は、生徒が何を知っていて、何を知らないかに関するより良い理解を提供します。その結果、教師は生徒の学習軌道を元に戻すことができます。

ヒント

生徒に認知的ないしメタ認知的な活動に取り組ませるために、教師が言えることはいろいろあります。それがヒントの核心です。つまり、生徒に考えさせはじめるということです。**表3－1**

（3）「足場かけ」については、三七ページの「訳者コラム　足場」を参照してください。

（4）原書には「ow」と書かれています。それは、know/nou/, snow/snou/, row/rou/, show/ʃou/ などのときの母音表記です。しかし、house は now/nau/, cow/cau/, owl/aul/ などと同じなので「au」を使いました。

表３－１　ヒントの種類と例

ヒントの種類	定　義	例
背景的な知識	生徒がすでに知っているか、教えられた内容を、一時的に忘れたか、間違った使い方をしているので、思い出させる。	・直角三角形の問題を解こうしているときに、「三角形の内角の和を考えているね。内角の和は覚えているかな？」 ・水の循環についての理科の単元のなかで、「物質の状態について何を覚えていますか？」
プロセスややり方	すでに決まっているか、一般的に合意が得られているルールや手順が忘れられたか、守られていないので、思い出させる。	・単語を間違って発音しているときに、「二つの母音が並んでいるときは……」 ・指示に従わずに間違った答えを得たときに、「その問題を解くときに使う記憶術★を覚えていますか？」 ・バンドソー★★を使っていて板を真っ二つにしてしまったとき、「木目の役割を思い出してください。覚えていますか？」
振り返り	次のステップや問題解決法を決めるために、メタ認知的に自分の考えたことについて考えてみるように促す。	・いま、間違った読み方をしたとき、「それで意味をなしますか？　よく考えてください」 ・課題が求めていたのに、作文に考えの根拠を含めなかったとき、「今日、学んでいることは何でしょうか？　目的は何でしたか？」
発見的な問題解決	生徒が自分で問題を解く方法を考えだすのを助けるための提案をする。	・数学の問題に正解が得られないとき、「視覚的に描いてみることは、問題を見えやすくするかもしれないね」 ・行き詰まって何を書いていいのか分からないとき、「行き詰まりから脱する方法はいろいろあります。思い浮かんだものを何でも書きだしたり、視覚的に描いたり、誰かに話してみたり、数分間散歩に出かけたりします。使えそうなのはありますか？」

★　記憶術は、公式などを覚えておくのを助けるための様々な方法のことで、場所、頭文字、簡単な物語、覚え歌など多様にあります。

★★　バンドソーとは、帯状の鋸刃を高速で回転させることで、金属などを切断する機能をもった電動工具のことで「帯鋸（おびのこ）」と呼ばれています。

で、何種類かのヒントを整理しておきました。

ヒントとは、生徒が知っているスキルや方法を新しい状況で使うのを一時的に忘れたときに、やるべきことができるように促すための刺激を与えたり、思い起こさせるためのものです。発言か質問という形をとりますが、教師は何が欠けているのかを言いすぎないように注意をします。それよりはむしろ、ヒントは生徒の思考をガイドします。練習をすることで、徐々に生徒たちはこの種の考え方を習慣化できるようになります。

実際に、ヒントがどのように機能するのかを見てみましょう。アーマッド・タルミズィ先生は、学年レベルでは学べているにもかかわらず、「デジタル媒体を含めて、複数の媒体から関連する情報を集めて、それらの信頼性と正確性を評価し、盗用は避けながら収集した情報を統合しなさい」という各州共通の基礎スタンダード（ＣＣＳＳ）における国語のカギとなるスタンダードを身につけていない生徒たちのグループと話し合いをしました（参考文献72参照）。そのなかでタルミズィ先生は、生徒たちの理解を促すためにヒントを使いました。

タルミズィ先生　これらの情報のなかで、あなたたちが信頼でき、正確であると評価したのはどれですか？

デュワ　すべてです。全部正確です。全部、統計と情報を提供しています。

ラムズィー　そうです。全部、信頼性もあります。

タルミズィ先生　なぜですか？　あなた方が間違っているとは言いませんが、どうしてその結論に至ったのかについて知りたいです。（**質問によるヒント**）

ミゲル　う～ん、それは……よく分かりません……。それらは、すべて同じテーマについての情報です。

タルミズィ先生　数週間前に使った信頼性を確かめるツールについて考えてみます。そのチェックリストには、いくつかの項目が書かれていました……。（**プロセスのヒント**）

デュワ　そうだった。見てここ、すべてに版権の年号が書いてある。

ミゲル　執筆者や出版社へのコンタクトの仕方も分かります。必要があれば確かめることもできます。

タルミズィ先生　結構です。よくできました。それらは二つの大切な検討事項です。でも、執筆者についても考えてください。執筆者について何を知っていますか？（**背景的な知識のヒント**）

ラムズィー　執筆者については調べました。彼らは、同じテーマでほかにも書いていたので、彼らには信頼性があると思います。彼らは、テーマについての専門家に見えます。専門家とは、そういう人たちのことじゃありませんか？

時に、ヒントは生徒が気づくのに十分なものとはなりません。明確なヒントを生徒に与える方法がないときもあります。そのような場合は指示が必要になります。指示は、生徒の注意を転換します。指示はヒントよりも具体的で、直接的です。つまり、より多くの思考の責任を教師が担っているということです。

指示

指示は、スポーツの解説者がリプレイされる映像を使って、「これを見てください。注意して見てくださいね」と、特定のテクニックに気づかせてくれることにたとえられます。**表3-2**では、異なる種類の指示について説明をしています。

指示は、とくにクラス全体に教えているときや、新しく扱う内容の導入時など、授業中に見られるもっとも一般的な特徴と言えます。責任の移行モデルのなかでは、生徒たちが悪戦苦闘しているとき、指示がとくに重要な役割を果たします。単に答えや学んだことをどのように応用できるのかを生徒に言ってしまう代わりに、生徒が責任をもって実際に試してみるように教師は指示を出すことができます。

たとえば、ケリー・マキー先生のクラスの生徒たちが第一次世界大戦について学習をしているとき、彼女はキーワード集や視覚的に表した年表などの掲示物を教室の壁に貼りだしました。ま

表３－２　異なる種類の指示とその例

指示の種類	定　義	例
視　覚	生徒の思考と理解を促進するために、視覚的な方法を使う。	・生徒が間違ったところをマーカーで目立つようにする。 ・内容を視覚化して理解しやすくする。 ・テキストのなかのビジュアルな部分をもう一度見るように促す。
言　葉	生徒の思考を焦点化するために、話し方を変えたり、言葉で注意を喚起する方法を使う。	・「これは重要です」 ・「これは用心しなければならないところです。注意してください」 ・生徒が発言したことを、疑問形の抑揚で言い直す。 ・強調するために、声の大きさやスピードを変える。
身振り	生徒が見落としている点に注意を喚起するために、身体の動きを使う。	・正しい言葉やスペリングを探しているときに、それらが壁に貼りだしてある掲示物を指し示す。 ・生徒が見つけられないテキストのなかの重要な考えを、指で指し示す。
環　境	生徒の理解に影響を与えるために、教室の周囲や教室の中にあるものを使う。	・生徒たちが参考に使えるように、適切な掲示物を常に教室の壁に貼りだしておく。 ・算数の計算用に使えるモノを用意しておく。 ・モノや人を動かすことで、視点が変わるようにする。

た、実際に授業のなかで行う活動として生徒たちは、戦いがあった場所、参加した主だった国や人、特別な用語を含めた内容について「見える化シート」[5]を作成しています。

あるグループが振り返りの質問に手こずっているときは、マキー先生は視覚的に表した年表などを指し示すことで彼らが答えられるようにしています。また、ほかのグループが二つの世界大戦を比較するのに苦戦しているときは、自分たちがつくりだした「見える化シート」に戻らせ、それをつくる際に考えたことを思いださせています。

直接的な説明

ヒントや指示では、生徒が抱いている誤解や間違いを修正できない場合があります。混乱がなかなか消えないときは、教師は直接的な説明をする必要に迫られます。第2章で示したように、それは単に生徒の過ちを訂正したり、欠けている情報を伝えたりすることを意味するわけではありません。そうではなくて、責任の移行モデルにおける教師がガイドする指導から、焦点を絞っ

---

(5)　原文では「graphic organizer」となっています。これで検索するとたくさんの用紙が見られます。情報や思考を視覚的に構造化して、分かりやすくするためのワークシートです。

た指導に戻ることを意味します。つまり教師は、学習の目的を設定し直すことになります。見本を示したり、考え聞かせをしたりして説明をするのです。そして、生徒たちの理解を確認するために質問をしたり、簡単な課題を出したりします。

・その考えについてパートナーに説明できますか？
・私がいま言ったことを自分の言葉で言い直せますか？
・いまは――について理解しているので、先ほど答えられなかった質問に答えてみてください。
・今度はしっかり覚えておけるように、いま要約したことを自分のノートに書き写しておくというのはどうでしょうか？

もちろん、生徒のなかにはこの段階で内容を十分に理解していない子どももいるかもしれません。そして、情報をしっかりと身につけるために、教師がガイドする指導をさらに必要とするかもしれません。しかしながら、生徒の混乱を解消するのにヒントや指示が役立たなかったわけですから、教師はより控えめな目標を設定しなければなりません。つまり、生徒に達成感（ないし成功）を味わう体験をしてもらうことです。

次のように考えてみてください。

教えている人の努力にもかかわらず、生徒であるあなたが何かについて理解できないとき、あなたは教えている人ではなく自分のことを疑いはじめます。あなたは、少なくともこの分野に関しては頭が鈍いと思いはじめるかもしれません。

私たちは、算数・数学、読むこと、書くこと、社会、理科などが苦手だと信じ込んでいるたくさんの生徒に出会います。彼らは、自らを台無しにする否定的な考え方の犠牲者です。適切な足場かけによって達成されるほんの少しの成功体験を味わうことで、より肯定的な学習観がもてるようになるのです。(6)

教師がガイドする指導の実践例

教師がガイドする指導の主要な方法である質問、ヒント、指示は、学習の適切な足場を提供しつつ、責任を生徒に移行するためには効果的と言えます。それでは、この指導法を教室で実際に実践している例を検討していくことにします。

---

(6) ここでは、「直接的な説明」も含めて四つの方法が提示されていましたが、『作家の時間』の六七ページには六つの教師のかかわり方が紹介されていますので、比較してください。

ガイド読み(7)

ダーラ・コトゥン先生の年長組（幼稚園）の子どもたちは、通常、協働的なグループか一人で作業をしていますが、この日は五人の子どもをテーブルに集めて、本を読みはじめたばかりの子どもを対象にして書かれたリグビーの『おとうさん（未邦訳）』（参考文献87参照）という絵本を読んでいました。その文章は、すべて「おとうさんは……」ではじまっています。

コトゥン先生は、これまでに文章は左から右へ向かうこと、子音−母音−子音が並んでいる三文字の単語(8)、目にしただけで理解できなくてはいけない重要単語(9)などについて指導をしてきました。このグループの子どもたちは、まだ読んだことのない絵本でそれらを応用する段階に来ています。

彼女は、みんなに「ささやき読み(10)」で読むように指示を出しました。最初は注意を要します。なぜなら、それだけは避けてほしいと思っている、声を合わせて読む方法をはじめてしまうからです。

コトゥン先生はテーブルの周りを歩き回って、五人が読むのを聞きます。必要に応じて、質問をしたり、難しいところではヒントを提供したり、メモを取ったりします。子どもたちは文章のパターンを正しく使いながら、かなりうまく読めていると彼女は思いました。

子どもたちが読み終えると、しっかり理解しながら読めていたかを判断するために、コトゥン先生は何が書いてあったかを再話するように言いました。デイヴィッドが再話中に言葉が詰まってしまったので、彼女は絵本を見て思いだすように促しました。それから彼女は全員に、「お父さんはなぜ眠っていたのですか？」と、絵本の最後のページに描かれているイラストを見せながら質問をしました。しばらく子どもたちは話し合い、コトゥン先生のヒントも活用しながら、グループとしての結論に至りました。

「お父さんは一日中たくさんのことをしたので疲れてしまい、それで寝ているのです」

子どもたちが子音、母音についての知識、目にしただけで理解できなくてはいけない重要単語、文字にまつわる概念、解釈などを使いこなしていることに満足した彼女は五人を協働学習のグループに戻し、彼らの成長について振り返りました。そして彼女は、学んだことを使って次の日のミニ・レッスンを考えました。

---

(7)　ガイド読みに興味をもたれた方は、本書で紹介されている事例以外が読める『リーディング・ワークショップ』の第8章、『読書家の時間』の第6章、および『理解するってどういうこと？』（索引）を参照してください。

(8)　たとえば、dog, hot, hat などです。

(9)　よく目にする単語、頻出単語という意味もあります。

(10)　ささやくような小さな声で読む読み方のことです。

一方、高校の国語教師をしているマット・タンガロー先生は、世界中の作家や語り部たちが読み書きの方法としてパラドックスを使っていることを紹介しました。矛盾する内容と同時に何か深い真実を含んでいる文章（たとえば、「親切にするために非情になる」やジョージ・バーナード・ショーの名言「若者は若さを無駄にしている」など）に出合ったとき、自分が考えていることを見本で示すために、「焦点を絞った指導」をするためのいくつかの文章を提示しました。タンガロー先生はまた、言外の真実を明らかにするために、推測することをどのように使ったらいいのかについて演じてみせました。[11]

それをしたあとで、タンガロー先生は生徒に詩のなかで使われているパラドックスを検討するように求めました。彼は六人の生徒と座り、ジョン・ダン（John Donne, 1572～1631）が書いた短い詩のコピーを見せました。

私には出来ない、と向こうの乞食が叫ぶ。
立つことも、歩くことも。
それが事実なら、嘘をついていることになる。[12]

タンガロー先生は、パラドックスを理解するために必要とされる「推測すること」に課題があるという評価結果を踏まえて、この六人のグループをつくりました。まず彼は、各人で声に出して読んでみるように、と言いました。それから二人一組になって、詩の意味と、乞食は嘘つきと作者になぜ言わせたのかについて話し合いをさせました。ヒントと指示を使ってタンガロー先生は、書かれていないパラドックスが理解できるように六人を導きました。やり取りのなかで、生徒の一人が次のように述べました。

「詩によれば、乞食は動いている。だから、彼は嘘つきだ」

タンガロー先生はこの六人とのやり取り（ガイド読み）のあと、生徒たちの評価を示す資料のなかで、まだパラドックスの概念を理解しきれておらず、追加の指導を必要とする別のグループを集めました。

こちらのグループに対しては、ロバート・フロスト[13]の「Nothing Gold Can Stay.（黄金の輝きは残らない）」というタイトルの詩を使うことにしました。最初の文章である「nature's first

---

（11）（George Bernard Shaw, 1856～1950）近代演劇の確立者として知られるアイルランド出身の劇作家、社会主義者です。一九二五年にノーベル文学賞を受賞しています。

（12）原語では、I am unable, yonder beggar cries, To stand, or move; if he say true, he lies. となっています。また、この詩のタイトルは「足の悪い乞食／足が不自由な物乞い」です。出典は、『ジョン・ダン全詩集』の一三二ページです。

green is gold（自然がもっとも輝くとき　その最初の緑は黄金）」は、生徒たちにとってより理解しやすいパラドックスです。それは、中世の英語ではないし、燃えるような紅葉になる前には緑の葉っぱが必要であるという自然現象を語っているにすぎないからです。

明快な学習目標と形成的評価の情報を踏まえて、タンガロー先生は教師がガイドする指導を使うことによって、幅の広い学習者たちに同じスキルを効果的に教えることができています。

ガイド書き(14)

教師がガイドする指導の間、生徒たちは「焦点を絞った指導」や「協働学習」で学んだことを、教師から提供されるさまざまなサポートを受けながら応用します。生徒にレポートなどの学術的な文章を書かせるための足場かけに、教師は文章やパラグラフ（段落）の枠組みを使うことがあります。これらの枠組み（ないし定型の書式）は、生徒たちが一般的な形式を習得する際の手助けとなります（参考文献32参照）。

生徒たちが学術的な文章を書くための手助けとして、アイダ・アレン先生はパラグラフの枠組みを使いました。登場人物についての単元を学習しているとき、アレン先生は、登場人物を分析して要約することに課題を抱えている生徒たちを集めました。彼女は、パラグラフの枠組み（**図**

3-2を参照）を生徒たちに渡して、各自でそれを音読するように言いました。そして、これまでに読んでいる本を使って、空いているところを埋める形で進めるように促しました。

アレン先生は、生徒たちの音読を聞きながら、時には個別の生徒に対して追加の指示やヒントを提供しました。たとえば、フィリス・レイノルズ・ネイラー著の『シャイローがきた夏』（参考文献74参照）に出てくるマーティという主人公についてアーチュロが詳しく説明をしていたとき、アレン先生は物語の始めのほうで、マーティのことを言い表す言葉をリストアップするように言いました。するとアーチュロは、「マーティは内気で、いつも一人で遊んでいる」と答えました。

ほかにマーティについてどんなことを覚えているか、というアレン先生の質問に対してアーチ

（13）（Robert Frost, 1874〜1963）アメリカの詩人です。「Nothing Gold Can Stay.」で検索すると、何種類かの翻訳を読むことができます。彼の作品はニューイングランドの農村生活を題材とし、複雑な社会的テーマや哲学的テーマを対象とするものが多く、人気も高く広く知られています。詩集が何冊か邦訳されていますし、詩人についての本も出版されています。また、『白い森のなかで』（ほるぷ出版、一九八三年）や『モミの手紙』（童話屋、一九九九年）など、詩を絵本にしたよい作品もあります。詩のタイトルと一行目の訳は、http://soundsteps.jugem.jp/?eid=502　を使いました。

（14）「ガイド書き」とは、「ガイド読み」があまりにも効果的なので、それを書くことにも応用した方法です。日本語で入手できる他の情報源としては、『理解するってどういうこと？』の索引を参照してください。

図３－２　登場人物の分析（パラグラフの枠組み）

________________はこの物語に登場する人物の一人です。________________は、________________で、________________（と一緒に／どこに？）住んでいます。

物語の始めのほうでは、________________は________________でしたが、________________いました。________________のときに問題に遭遇しました。________________は、________________によって問題を解決しようとしました。でも、________________。

最終的に、________________は________________によって問題を解決することができました。

物語の終盤で、________________は、もし________________なら、________________であることを学びました。

ユロは、肩をすぼめて「思い浮かびません」という答えを返しました。アレン先生は、「マーティは常に周りを見回しているよね。それは、彼の性格についてどんなことを教えてくれるかな？」とヒントを与えました。アーチュロとアレン先生は、マーティは好奇心が強いということで同意しました。それからアレン先生は、『エスペランサは立ち上がる』[15]（参考文献88参照）の主人公であるエスペランサが何を学んだのか分からないと言っているイザベルのほうを向きました。

生徒たちが自ら読んだ本の登場人物に関する詳細を加えながらパラグラフの枠組み（**図3-2**）を読み終わると、アレン先生はそれを各自のジャーナル[16]に書きだすように求めました。以下に紹介するのはアーチュロが書いたものです。

マーティは物語の登場人物の一人です。彼は八歳で、家族と田舎に住んでいます。物語の始めのほうでは、マーティは好奇心旺盛ですが、内気で、いつも一人で遊んでいました。マ

---

(15)　現在のアメリカ社会（トランプ政権）において最大の問題となっているメキシコからの（不法）移民をテーマにしている本です。残念ながら未邦訳です。

(16)　ジャーナルとは、生徒が自分の学びの過程や内容について、個人的な反応、疑問、気持ち、考えなどを記録するノートのことです。日々の活動を記録する日記／日誌でも、教師が書いたことや言ったことを記録するノートでもありません。詳しくは、『「考える力」はこうしてつける』の第6章を参照してください。

ーティは、はぐれた犬に出会ったとき問題に遭遇しました。彼は犬が誰のものかは知っていましたが、飼い主に返したくはありませんでした。マーティは、家族や友だちに嘘をつくことで問題を解決しようとしました。でも、ばれてしまいました。

最終的に、マーティは一生懸命に働き、そして犬の飼い主に対して敬意をもって接することで問題を解決しました。物語の終盤で、マーティは正直に振る舞い、他人に敬意をもって接すれば、自分を認めてくれることを学びました。

ガイド書きと枠組みや定型の書式を使うことは、小学校の教室に限定されるものではありません。作文の専門家たちは、学生が学術的な文章能力を効果的に身につけるために、枠組み（彼らは「定型の書式」と呼びます）を使うことをすすめています。

結局のところ、もっとも創造的な表現の形態でさえ、定着しているパターンや構成に当てはまっている。たとえば、ほとんどの作詞家作曲家は伝統的なバース〜コーラス〜バースのパターンに頼っている。また、シェークスピアが見事な効果をもたらす形で頻繁に使ったソネットや劇的な形式を発明しなかったからといって、彼に創造性がないと言う人は少ない。

究極的には、創造性や独創性は定着している形式を避けるところにあるのではなく、それ

らの創造的な使い方にあるということだ。（参考文献48参照）

生徒の考え聞かせを中心に据えた場合

考え聞かせは、第2章で紹介したように、一般的に教師によって行われるものと考えられています。まさに考え聞かせは、教師が考えているところを実際に見えるようにすることができるので、とても効果的な方法です。しかしながら、考え聞かせの真の目標は、生徒が新しい概念を学んだり理解したりする際、自らの思考プロセスが表現できるように準備をすることにあります。生徒の考え聞かせは、教師の考え聞かせと同じように行われます。生徒が文章を読んだり活動をしたりするとき、間を取りながら自分が考えていることを説明するのです。それには、次にしようと考えていることも含まれます。

生徒の考え聞かせは、責任の移行モデルのなかでは教師がガイドする指導の段階で行われることがもっとも適していると言えます。なぜなら、生徒が新しいことに取り組んでいる間に、生徒の思考プロセスを聞く機会が教師に提供されるからです。

ローレン・マクドネル先生は、六年生の歴史の授業における「焦点を絞った指導」で『ハムラビ法典』を紹介しました。彼女が授業の最後に行った「出口チケット[17]」の結果を読んだところ、古代メソポタミアの『ハムラビ法典』の良い点と悪い点を説明するのに苦労している生徒が何人かいることを発見しました。

そこで彼女は、その生徒たちを集めて、教科書のこの部分を振り返ることにしました。具体的には、生徒たちにそこを読ませながら、考え聞かせをさせるというものです。それをさせることで、彼らがどんなことを考えているのか把握できると思ったからです。

マクドネル先生は、メソポタミアの古代法典が残っていることの価値について説明しました。そして、法典の概要を読みながら、公正という問題に関してどのような印象をもったのか、考え聞かせをするように促しました。先生の要求に従ってアレックスは、「目には目を、歯には歯を」でよく知られている報復法が書いてあるところを読みました。

マクドネル先生　ちょっと待って！　その表現をあなたがどのように理解したのか教えて。

アレックス　一人が目を失ったので、裁判官が別の人の目をえぐり抜いているところを僕は思い浮かべました。かなりゾッとしました。

マクドネル先生はアレックスに、続けて読んで、考え聞かせを続けるように促しました。すると、自由民が怪我をしたときにしか法律は当てはまらないことを確認しました。つまり、奴隷や子どもには適用されないのです。

アレックス　一部の人が一人前と認められないのは、公正ではないと思いました。女の子などです。「目には目を」は、すべての人に適用されるべきではないですか？

マクドネル先生　いま、何をしましたか？　考え聞かせをしたとき？

アレックス　公正ということについて、自分自身に対して質問をしました。

マクドネル先生　そのとおりです。良い点や悪い点などについて、意見をもちはじめるようになるのです。いまのことをTチャート(18)に記入しておいてください。

リカルド、次の家族の法律に関する部分を読んで、考え聞かせをするとどうなりますか？(19)

---

(17)　六九ページの注（15）を参照してください。

(18)　アルファベットのTの字を大きく用紙（あるいはホワイトボード）に書いてから、横バーの上にはテーマを書き、縦線の左側と右側に相対する項目（この事例の場合は良い点と悪い点）を書き出していくという方法です。すべてを「見える化」することがポイントです。ちなみに、これの応用編として、縦線の下にもう一本の横バーを引き、左と右のいずれかに書き込めないものや、疑問・質問を書き出すという方法もあります。

生徒たちは、このような感じで次の一〇分間を続けました。教科書の一部を読み、読んだところについて自分が考えたことを考え聞かせの形で表現したのです。この指導の最後には、『ハムラビ法典』の良い点と悪い点について自分の考えを書くことができました。その結果、彼らが協働学習のグループに戻った際、この法典が文明に果たした重要な役割について考えるプロジェクトに貢献することができたのです。

精読を使った場合

精読も、教師がガイドする指導で使われる方法です。精読は小グループを対象にした場合でも行えますが、一般的には、クラス全体を対象にした指導の際に使われます。精読は、責任の移行モデルのほかの段階で学んだり、練習したりしたことを試すチャンスを生徒たちに提供します。その主な特徴としては、次のようなものが挙げられます。

・複雑で価値のあるテキスト（文章）に焦点を当てる。
・テキスト全部か、その一部を繰り返し読む。
・読みながら注釈をつける。つまり、大切なところに下線を引いたり、分かりにくい言葉やフレーズを丸で囲んだり、余白に質問、要約、解釈などを書いたりする。

・読んだ反応の一環として、テキストのなかに回答を見いだせる質問に対しては、生徒はその証拠を提示する必要がある。
・検討をしているテキストに関して、生徒たちの間で幅広い内容に及ぶ話し合いを行う。（参考文献34参照）

複雑な内容のテキストを生徒たちが精読している間、教師は足場かけをしますが、事前にそのテキストに出てくる語彙を指導することは避けます。言い換えると、事前の助けが得られない生徒たちには、指導の間に質問、ヒント、指示という形で多様な足場がその代わりに提供されるということです。精読のあとで追加の指導が必要な生徒には、事後の助けが提供されることもあります。

具体的な事例を見てみましょう。[21] 九年生[20]を教える国語教師のダスティン・ブラッドショー先生は、E・B・ホワイトの『豚の死』（参考文献96参照）という短編を使って生徒たちに精読のやり方を紹介しました。最初の五つのパラグラフに焦点を当てて読んだとき、先生は次のような質問

---

(19)　アレックスとのやり取りが終わったあと、リカルドとのやり取りに移りました。
(20)　アメリカの高校は、九～一二年生の四年間です。したがって、九年生は「高校一年生」としか訳しようがないと思います。

に焦点を絞って、読みながら注釈をつけるように言いました。

・このパラグラフではどういうことを言っているのか？
・このパラグラフはどのように構成されているのか？
・とくに気になる言葉やフレーズはどれか？
・知らない言葉やフレーズを理解するために、文の構造解析や文脈分析を使ったか？

抜粋を読んだあと生徒たちは、それぞれのテーブルで自分たちが発見したことを話し合いました。ブラッドショー先生は彼らのやり取りを聞き、ほとんどの生徒がテキストと構成を理解していたのでうれしく思いました。

続く数日、ブラッドショー先生は生徒たちにテキストを読み直しながら、テキストのなかで答えが見いだせる質問についてグループで話し合いをさせました。彼は、実際に使ったものよりもはるかに多い量の質問を事前に用意していました。この点について、彼は次のように言っています。

「生徒たちの話し合いが行き詰まったときのために、たくさんの異なる種類の質問を用意しておけば安心できます。私は、生徒たちにこれらすべてのことについて話し合って欲しいと思っています。もし彼らのやり取りが止まったとき、ちょうどいい質問があると、彼らの思考と話し合いを再開するのに役立つのです」

次ページに掲載した**表３－３**は、彼が用意した質問のリストです[22]。

精読の二日目、ブラッドショー先生は、作者が擬人化を有効に活用していることを生徒たちが学び取れていないことに気づきました。クラス全体に彼は、この作家の二つの技の例をＯＨＣに示しながら思いださせました。

「家は悲しみでため息をついている」

この文章は、家が薄暗く見えること、あるいは完全に安定していないことを読み手に伝えます。そして、もう一つの別な例です。

---

(21)「Death of a Pig」で検索すると全文（英語）を読むことができます。ちなみに、そこでのホワイトのスタイルはとても複雑で、難しい書き方をしています（『シャーロットのおくりもの』と同じ著者とは思えないぐらいに!?）。ホワイトは、作品を通して書き手としての巧妙さを見せつけようとしており、作品自体、英語をよく解し、すべての文章に何らかのジョークを求めるような読者に向けて書いています。

(22) 当然のことながら、事前に質問を用意しておくことは大切なことですが、その前段として、生徒たちが質問をたくさん見いだせるテキストを教師が選んでいることも重要となります。教科書はあくまでも主たる教材であって、唯一の教材ではありません。教師が教科書よりも入れ込める教材を見いだすことができたら、それを使うほうが誰にとってもよいことであるのは明らかです。

表３－３　精読用の答えがテキスト（E.B. ホワイト『豚の死』）のなかで見いだせる質問例

一般的な理解

・語り手は誰か？　彼の仕事は何か？

・エッセイのセクション１で提示された対立は何か？

・登場人物はどんな人たちか？　説明しなさい。

重要な細部

・語り手は病気か？

・「第一級の犯罪」の最終結果は何か？

・油に対する豚の反応は何か？

・セクション２で犬はどのように表されているか？

・語り手のコミュニティーはどんなか？

・セクション２で、豚が病気であることをどうして知るのか？

・豚はどのように葬られたか？　なぜそれが重要か？

構　成

・どんなメタファー★が描かれているか？　その目的は何か？

・擬人法が使われている箇所を指摘しなさい。その効果をどう思うか？

・この作品の時系列はどうなっているのか？

・この作品の調子が変わるところを指摘しなさい。調子が変わる目的は何か？

・展開を暗示している部分を指摘しなさい。どのような出来事を暗示しているか？

語　彙

・「計画」という言葉はどのように定義されているか？

・農場の人たちは何にたとえられているか？　それはなぜか？

・豚の治療はどのように描かれているか？

・豚は何にたとえられているのか？

作者の目的

・語り手は自分の経験と豚の経験をどのように関連づけているか？

・語り手は自分の豚のことを気にかけているか？　それはどのような理由でか？

・セクション３で、豚の死は何を表しているのか？

・セクション３で、語り手の感情はどのように変わったか？

・豚の埋葬が人間のそれよりもより「まとも」にしているのは何か？

テキストを通しての推測

・語り手の犬に対する姿勢はテキストの間を通してどう変わったか？

・豚と語り手を結びつけるものは何か？

・テキストの終わりでは、豚に対して自分が元々もっていた計画を語り手はどのように思っていたか？　あなたの考えを裏づける証拠を示しなさい。

★ メタファーは、白い肌を「雪の肌」と言うなど、「たとえ」の技法の一つです。

「死骸に貪り食いながら、コンドルはうれしそうに笑った」

――コンドルのイメージが、意地悪そうに笑うということで強化されています。そのフレーズを挿入したことで、コンドルを普通よりもいっそう邪悪なものにしています。

その後、ブラッドショー先生は、生徒たちにテキストを読み直し、作者が擬人化をどのように使っているかを考えるように言いました。生徒たちは、グループでの活動に戻り、擬人化の例を探しはじめました。

スィンディー　セクション２で、「豚は頭を下にして宙づりにされ、口は下を向けて、苦痛の表情をしていた」と語り手は言っている。それは、豚が人間の特徴をもっていると私たちに思わせているのでしょう。

ロール　犬のセクションで、「私たちはすべて効率よく進め、フレッド［ダックスフンドの名前］は棺を担ぐ人たちのあとにノロノロとついて来たが、葬儀であるにもかかわらず、彼の顔には笑みがうかがえた」。これが、僕たちが探しているところじゃない。なぜなら、豚が死ぬからって、犬が悲しがることなんてできるはずがないよ。

誤解の分析を通した場合

米国学術研究会議が行った中学高校生を対象にした歴史、数学、理科の指導における違いをもたらす実践のメタ分析の結果、以下の三つの提言がもたらされました。

・教師は、生徒が教えられる概念に対してもっている誤解について知っており、また予期する必要がある。
・教師は、事実的知識[23]を体系立てて教える必要がある。
・生徒は、自分の学びをメタ認知する形で教えられる必要がある。（参考文献24参照）

ほかのたくさんの研究結果も、誤解を予測することの重要性を支持しています（参考文献52参照）。たとえば、小さな子どもたちは、掛け算は常により大きな数をつくりだすと信じているかもしれません。そのため、分数や小数の掛け算に直面したときに混乱してしまうのです。また、理科を学ぶ子どもたちは、地球は宇宙の真ん中にあるという誤解をしているかもしれません。あるいは、加速度と速度を混同しているかもしれません。

このような誤解を予想できる教師は、焦点を絞った指導の間にそれらについて対処することができます。たとえば、おはじきなどの手で操る教具を使って、分数や小数で何が起こるのかを見せたり、あるいはスケートボードを使って速度と加速度の違いを浮き彫りにする実験をしてみせたりすることなどです。もちろん、すべての誤解を予想することは無理です。しかし、教師がガイドする指導の間に生徒たちの考えを教師が聞くことで、それらが浮き彫りになることもあります。

以下の筋書きについて考えてみてください。

ロバート・サンチェス先生は、理科のクラスで容積の概念について教えています。生徒たちにいくつかの実験をするように指示し、そこでどんなことが起きたのかを各グループで説明できるように求めました。彼は、子どもたち自身に容積の定義を考えだして欲しいのです。子どもたちが出した、容積とはある物体が占める空間の量のことだ、という定義を彼は書きだしました。

その後、サンチェス先生は、水がいっぱいに満たされた平鍋に重いブロックを入れ、各グループに「なぜ、水がこぼれ落ちたのか」について話し合うように言いました。すべてのグループが転位効果について説明することができたので、子どもたちの話し合いは的を射たものとなっていました。

---

(23)　知識には、他に概念的知識と手続き的知識があり、前者は理解している物事に共通した特徴のことで、後者は何かをする際のハウツー的な知識のことです。ノウハウや物事のやり方とも言います。これら二つの知識は、事実的知識と同じか、それ以上に大切なものになっています。

次にサンチェス先生は、「ブロックの容積を量るにはどうしたらいいか」と尋ねました。アントニオが、「掛け算をすればいいんだよ。長さと奥行きと高さを」とすぐに答えました。みんなはそれに同意してうなずきました。もちろん、ブロックの容積を計算することもできました。

それからサンチェス先生は、「ブロックの代わりに、大きさや形の異なるいろいろなモノで実験したらどうなるか」と、各グループで予想するように言いました。今度も子どもたちは、「それぞれのモノの容量が押しのける水の量が違う」と説明しました。それに対してサンチェス先生は、「それぞれの容積はどうやって求めることができますか？」と質問したところ、全員が静まり返ってしまいました。

サンチェス先生　少し考えてみましょう。これまでに分かっていることは何ですか？

クローディア　水はどこかに行かないといけません。平鍋から追いだされます。

モリーン　私たちは計算することができます。長さと奥行きと高さを掛け算します。

アントニオ　モノを量る必要があると思うな。ブロックのときと同じように。

さすがにサンチェス先生は、このような答えを予想していませんでした。生徒たちは、こぼれた量を量ることで、自分たちが求めている情報が得られると推測してくれると思っていたのです。

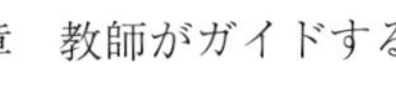

しかしながらサンチェス先生は、答えを言ってしまうのではなく、しばらくの間この問題について考える時間を設けました。自分たちが最初に考えた方法は間違いだと気づいてもらう必要がある、と考えたからです。

彼はときどき質問をし、生徒たち自らがつくり出した問題への理解に足場をかけました。異なる形のモノの容積を量るのに、こぼれた水を使うことができるという考えに最初にたどり着いたのはクローディアでした。それからサンチェス先生は、各グループがこぼれた水を量ることをサポートするという形の、元々計画していた授業を再開しました。

しかしながら、このクラスは彼が予想したよりも困難な問題を抱えていたので、当初予定していた実験について説明するのではなく、生徒たちが考えた最初のアイディアがなぜ機能しなかったのかについて短い説明を書くように言いました。これを、生徒たちの理解を確認するためと、さらに教師がガイドする指導が必要な生徒の抽出と計画に使いました。

一人ひとりをいかす形で行う場合

トムリンソンらが指摘しているように（参考文献91参照）、教師は生徒たちが「学ぶ内容」「学ぶ方法」「学習成果物」で一人ひとりをいかす教え方ができます。責任の移行モデルにおける教師がガイドする指導の段階は、これら三つが一人ひとりをいかすのに適しています。より難しい課題へのステップを上る生徒たちを助けるために、いつ一人ひとりをいかす教え方に踏み切るか、判断する必要があることを忘れないでください。

学ぶ内容――少人数のグループに対して教師がガイドする指導を行っているときは、容易に生徒が読むテキストを変えることができます。生徒が解く算数・数学の問題を変えることもできますし、習得することが期待されている学習の速度を変えることもできます。また、学年レベルの内容や教科で求められている内容をマスターしてしまった生徒に対しては、さらに充実したカリキュラムとして、ほかの生徒が学習している内容をはるかに超える学習内容を提供することもできます。

なお、いつも同じ生徒が発展的な学習に参加したり、あるいはテキストの難しさを押さえたりする必要性があるわけではありません。そうした指導の判断は、形成的評価の結果に基づいて行われます。すべての単元で同じ生徒がいつも同じグループにならないようにする一つの方法は、教師がガイドする指導のなかに興味関心をベースにしたグループを含めることです。

学ぶ方法――教師がガイドする指導のなかで一人ひとりをいかす教え方をするためには、活動を調整する必要があります。たとえば、生徒のニーズや強みに応じて、提供する刺激の種類を変えることができます。あるいは、問う質問の種類や提供するサポートのレベルを変えたり、提供する視覚的なサポートの量を増やしたり、減らしたりもできます。もちろん、生徒の母語で話し合うことのできる「言葉の仲介役」という存在を置くこともできます。

生徒のなかには、音声化された本を聞くほうがよいと言う生徒もいますし、クラス全体に授業をする前に、事前に内容を紹介しておいたほうがよい生徒もいます。後者の場合は、事前の予備知識が助けになるからです。

映画の「予告編」のように、チラシや画像による表示によってこれから学ぶ内容を事前に知らせることは、単元がはじまる前に生徒たちが全体的なイメージを得ることができるのでとても役立ちます。

学習成果物――教師がガイドする指導のなかで生徒たちがつくりだす成果物は、スキルや理解を身につけた証しであり、形成的評価としても重要なものです。教師は、全生徒が自分の知っていることやできることを示せるように、できるだけ一人ひとりにあわせた成果物を考えます。たとえば、ある生徒には教師と話し合うことが効果的な方法かもしれません。読んだり書いたりすることが必要な生徒もいます。さらには、演じたり、プロジェクトをしたりすることがもっとも得意な生徒たちもいます。

成果物で一人ひとりをいかすコツは、多様な選択肢を提供することになります。生徒が習得したことを表すベストの成果物を、教師が選んであげることもできますし、生徒自身に選ばせることも可能です。

後者の場合は、生徒が楽にできてしまう状態を超えて挑戦するように、教師が相談したり、励ましたりするといった行為が伴うことになります。その場合は、タイプに応じて成果物の選択肢を分類し、生徒たちはコースをとっている一学期の間に各分類から最低でも一つは仕上げるようにします。たとえば、次のような感じです。

・話し言葉で（たとえば、教師と話すか、クラスメイトを教えることで）
・書き言葉で（たとえば、エッセイや詩を書いたりすることで）
・演じることで（たとえば、みんなの前で演説をしたり、寸劇の台本を書いて演じたりすることで）
・プロジェクトをすることで（たとえば、特定のテーマで調べたり、視覚的な表示やモデルをつくったりすることで）

教師がガイドする指導の間に生徒がつくりだす成果物を生徒自身で選ぶ場合は、生徒たち自身の興味関心をベースにしたグループに分かれることを意味します。これは、多様に存在する一人ひとりをいかす指導法のごく一部を統合する一つの方法で、教師がガイドする指導は、個々の生

徒のニーズ、強み、興味関心に適切に応じた形の学びを提供することになります。(24)

教師がガイドする指導中に行う形成的評価

教師がガイドする指導では、個々の生徒に対して、教師がもっている能力の見方ではなく生徒のパフォーマンス（生徒が示す、知っていることやできること）によってグループ分けが頻繁に行われます。もっとも効果的に行われる教師がガイドする指導は、学習内容面でのスタンダードと直接的(25)につながっている形成的評価をベースにしています。たとえば、クラスがさまざまな作家の技について学習しているなら、集められる形成的評価は、生徒がそれらの技を認識でき、書

(24)　一人ひとりをいかす指導（Differentiated Instruction）は、まさにこれらの生徒のニーズ、強み、興味関心、およびレディネス、学習履歴、学習スタイルなどをベースにした教え方・学び方です。逆に言えば、一斉授業を含めて通常行われている授業は、これらをほとんど無視し、教える教材を優先する形で行われていることを意味しています。詳しくは、『ようこそ、一人ひとりをいかす教室へ――「違い」を力に変える学び方・教え方』を参照してください。なお、ここで紹介されていることは、第5章の「個別学習」にも当てはまります。

(25)　物語や絵本を書く作家、ジャーナリストやノンフィクション・ライターたちは、効果的に読者を惹きつけたり、自分の主張を通すために文章上の工夫としてさまざまなテクニックを使っています。

くときにそれらをどれだけ使いこなせているかというデータになるわけです。

評価の結果は、特定のニーズをベースにしたグループを構成する際に使われます。そのグループの例として、次のようなものが挙げられます。

・物語などの展開を暗示する方法と、(通常の時間進行を一時中断して)過去のシーンを挿入するフラッシュバックの方法の違いについて追加指導の必要があるグループ。

・人間ではないモノを擬人化するために追加の指導が必要なグループ。

すでに何度も述べてきたように、生徒が新しい概念やスキルや方法を学びはじめる際には、常に生徒の理解度を確認することが重要で、それに応じて指導方法や進み具合を変更することが肝要となります。これまで紹介してきたもののほかに、教師が形成的評価の情報を集める方法として、以下に紹介する四つの事例も加えることができます。

❶読みの指導――教師がガイドする指導を行うとき、幼稚園教師のダーラ・コットン先生は、子どもたちが読んでいるところを観察して記録を取りました。もう一つ、まだ読みはじめの子どもたち(読むときに声を出しながら読みます)を対象にしたとても効果的な方法として、読む速さを測定したり、読み誤りを記録するといった方法があります(参考文献16参照)。

これらの記録をあとで分析することで、何はできているのか、部分的にできていることは何か、そして何がまだできていないのかを明らかにすることができます。記録が明らかにしてくれるのは、文字や言葉の読み方や統語構造[26]などの知識についてです。

学年が上の生徒たちに対しては、学年毎につくられている市販のテストである程度の理解度を確認することができますが、フィードバックをすぐさま生徒たちに提供する材料としては不十分であるという実態があります。それをふまえると、読んだ内容を再話させることが、どれだけ読めているかを測る最善の方法と言えるかもしれません。そのためのルーブリック[27]が教材といっしょに作成されており、一方で教育委員会もこの非公式な評価法を推薦しています。

❷書きの指導――教師がガイドする書きの指導では、生徒の現状についてたくさんの情報が示され、永続的に残るものが提供されます。それらを分析するには、全般的なルーブリックか、ある特徴に限定したルーブリックを使うことが効果的です。

---

(26)　統語というのは単語と単語をつなぐ規則のことで、「統語規則」と言います。この規則に従って配列された単語の構造を「統語構造」と呼んでいます。

(27)　このあたりは、アメリカの英語をベースにした情報です。しかし、再話を重視するという点は、日本も参考にできると思います。再話なら教師は聞き役になるわけで、必要に応じて、質問、ヒント、指示などの形で即時のフィードバックをすることも可能になるからです。

下書きなども含めて、すべての作品を教師が分析するのには荷が重すぎるので、年度の初めに、分かりやすい言葉で書かれたルーブリックを使って生徒自らの作品を評価し、そして改善するための方法を教えます。このルーブリックは、生徒が何を求めているのか、そして成功の基準は何かを理解する助けともなります。

生徒が自分で評価することは、自身のメタ認知思考を養うのにも役立ちます。生徒は時間とともに、自分がどのように成長しているのかを見ることができるからです（参考文献32参照）。

❸考え聞かせ——生徒の考え聞かせは、成果物である生徒の話が束の間のもので、すぐに忘れ去られてしまうため、評価するのが少し難しくなります。考え聞かせでの生徒の理解度を把握するベスト[28]の方法は、（たとえば、文章を理解するときに使う方法やクリティカルに考えるための方法など）最低限聞きたいことが記されたチェックリスト（**表3－4**参照）を事前につくっておくことです。

生徒が考え聞かせをするとき、教師は生徒が話している内容の質と、話せなかったことについてメモを取ることができます。時間とともに（あるいは、複数の生徒の考え聞かせを聞くことで）パターンが明らかになり、教師がガイドする指導を今後どのように計画すればいいのかについて考える際の参考になります。

❹誤解の分析——誤解の分析とは、生徒が考えていることに気づき、それらが正しい前提か間違

表３－４　生徒の考え聞かせを評価するためのチェックリスト

生徒名・	**日付・**	
理解するための方法★	生徒はしていたか？ □他の本に関連づけていた □イメージを描いていた □本に対して質問をしていた □本には書いていないことを推測していた □何が大切かを見極めていた □内容を要約していた	メモ／事例
知　識	生徒はしていたか？ □背景となる知識を使いこなしていた □語源的に考えていた □状況の手がかりを使っていた □助けになるリソース★★を使っていた □新しい知識を応用していた	メモ／事例
評　価	生徒はしていたか？ □意見を述べていた □熟考していた □他の情報源を探していた □欠落している部分に気づいていた □テーマ／要旨を分析している	メモ／事例

★　縦軸は、日本流に言うと「技能」「知識理解」「思考判断」としたほうが分かりやすいかもしれませんが、技能、理解、思考には重複する部分が多すぎるので原語通りにしました。

★★　これには、辞書やインターネットや知識をもっている人材などが含まれると思われます。

っている前提に基づいているものなのかを明らかにしてくれるので、生徒の発言記録を残す方法がこの情報を得るためにはベストとなります。

私たちは、生徒の発言をいつでも書き込めるように、名前のインデックスが付いたノートを持っています。いつ誤解が明らかになるのかを予想することは不可能なので、教師がガイドした指導のあとで、気づいたことをこのノートに書き記すということを習慣にしています。教師の仕事は忙しいので詳細を忘れてしまいがちとなりますが、このノートが、私たちに時間を確保することの大切さを思いださせてくれます。

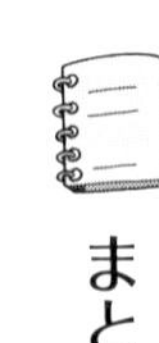

まとめ

教師がガイドする指導は、生徒がすでに受けた「焦点を絞った指導」と、これから行うことになる「個別学習」の要(かなめ)となります。この段階で教師に要求されることは高度なものとなります。なぜなら、この段階の指導が生徒のニーズに左右される部分が大きいため、それに応じて指導の内容や方法を変換する必要があるからです（必要もないことを生徒に教えることほど、おかしなことはありません！）。

評価の情報に基づいて生徒たちは、他の似たようなレベルの生徒と同じグループになることが多いです。しかしながら、形成的評価は継続的に行われていますので、グループは頻繁に変わることになります。

教師がガイドする指導の段階は、必要に応じて学習内容、方法、成果物で、一人ひとりをいかす指導として行われます。小グループ単位での指導が、個々の生徒のニーズに応じることを可能にするのです。

教師がガイドする指導の目標は、学習速度を上げることにつながる的確な指導をすることとなります。それが可能となるのは、すでに知っていることを学び直す必要がありませんし、足りていない知識ギャップを生徒一人で埋める必要がないからです。それぞれの生徒が示す理解の微妙な違いに教師が対応することによって、教えることのアートとサイエンスがこの段階で一体となるのです。

(28)　文章を理解するときに使う方法およびクリティカルに考えるための方法について詳しく知りたい方は、『増補版「読む力」はこうしてつける』の「パート2」を参照してください。その内容と、具体的な教え方が分かりやすく紹介されています。

第4章 協働学習(1)——クラスメイトと協力し合って思考をより強固なものにする

責任の移行モデルにおける協働学習の段階では、生徒が学んだ知識やスキルを応用し、互いに助けあいながら、さらに豊かな学びをつくりだします。相互にやり取りをするなかで学びは進化し、近年、必要性が高まっているさまざまな社会的なスキル（コミュニケーション、リーダーシップ、交渉など）を生徒は使うことになります。

生徒たちがしっかりと協力しあうのを確保するために、いくつかの異なるルーティンが使われますが、もっとも重要なことは、自らとクラスメイトの学びの責任を生徒たちがとりはじめるこ

(1)「cooperation は、共通の目的のために協力／協調すること。それに対して、collaboration は協力／協働した結果、関わった人が変わること」という定義が私は好きなので、ここでは「協働」を使います。この定義は、Innviations: Changing as Teachers and Learners K-12, by Regie Routman の二〇〜二一ページ（オリジナルは、Whole Language: Inquiring Voice, by Watson, Burke, and Harste, 1989, p.65）によります。

こととなります［**訳者コラム**参照］。教師の役割は、教師がガイドする指導を通して把握した特定のニーズに焦点を絞る形に移っていきます。(2)

協働学習の必要性

責任の移行モデルにおいて、大学とキャリアの準備という観点から言ってもっとも魅力的なのがこの段階となります。実のところ、集団のなかで建設的に機能するためのスキルは、各州共通の基礎スタンダード（ＣＣＳＳ）(3)でも目立つ形で特徴づけられています（参考文献72・73参照）。・書くことのスタンダードでは、生徒にクラスメイトとの修正や校正の作業に積極的に参加することを要求しています。書く作品のレベ

訳者コラム

「学びの責任」をとりはじめる

本文にある「学びの責任を生徒たちがとりはじめる」は、「学びのオウナーシップをもちはじめる」とも言い換えることができます。現時点では、責任もオウナーシップも、ほぼ100パーセント教師がもっているというか、教科書がもっています。もし、生徒を「生涯学習者＝自立した学び手」にしたいのであれば、生徒に責任をシフトする必要がありますし、教師の責任の負い方もシフトする必要があります。そのためにまずできることは、多様な教え方を実践できるようにすることと、教科書よりも目の前の生徒たちを優先することです。

ルアップが図れるように、文字やデジタル媒体の資料を検討するために、クラスメイトと協力しなければならないのです。

・話すことと聞くことのスタンダードでは、学年にふさわしいテーマについて指定された方法を使いながらクラスメイトと話し合うことが求められています。そのなかには、質問をしたり、答えたり、主張を裏づける証拠を提供したり、合意を形成したり、目標や締め切りを設定したり、が含まれています。

・算数・数学のスタンダードは、自分の結論を説明したり、クラスメイトの説明をよく聞いたり、必要があるときは反例を提示したり、自分の説明に説得力があって誰もが理解できるようにするために、正確さに注意を払うことが要求されています。

各州共通の基礎スタンダード（ＣＣＳＳ）による影響を受けない学校においても、生徒がコミュニケーションをとったり、協力できたりする能力は、社会で成功するうえにおいて不可欠なものとして当然視されています。「二一世紀スキルのためのパートナーシップ」というＮＰＯ（民

（２）　ここで言う「特定のニーズ」とは、特定の生徒（たち）と特定の追加指導が必要な内容という、両方の意味合いがあると思われます。

（３）　各州共通の基礎スタンダードについては、一九ページの注（17）を参照ください。

間団体）は、「（生徒が）共通の目標を達成するために、必要な歩み寄りをするために柔軟性をもてるようにする」（参考文献79参照）ことを求めています。

教師とその他の教育関係者で構成されているＡＳＣＤ（カリキュラム開発と指導協会）[4]が展開している「Whole Child Initiative（子どもをトータルに捉える構想）」では、生徒の取り組みにおける成功指標としているなかに、探究、意思決定、目標設定、自己モニタリング[5]、時間の管理などを体験し、身につけることが含まれています（参考文献5参照）。

一方、国際教育工学学会は、「デジタル化時代のスキルは、生徒が働き、暮らし、市民社会に貢献するための準備をするために不可欠である」と述べています。そして、（対面と遠隔の両方で）コミュニケーションと協働することを、生徒の学びに不可欠な六つの柱となるスタンダードの一つとして捉えています（参考文献59参照）。

チームワーク、協力する態度、ネットワークを築いたり、問題解決ができる能力は、これらすべてをまとめたものとして「ソフトスキル」［**訳者コラム**参照］と呼ばれており、就労の際にもっとも重要視される要素となっています。アメリカ労働省の障害者・雇用政策室は、就労準備の観点から「ソフトスキルはよい給料になる」と宣言しているほどです。そして、それは「真空状態で教えることはできません。そうではなく、それは導入され、発達され、磨かれ、練習され、そしてさらに強化されなければなりません」（参考文献92参照）とも指摘しています。

もう一つ、大学生をインターンシップや就職と結びつけることに専念している「全米大学・雇用主協会」は、雇用主がソフトスキルのなかでもっとも重要視しているのは、リーダーシップ、チームワーク、言語コミュニケーション、問題解決だと指摘しています（参考文献70参照）。

グループで問題を解決する能力は、大学や就職準備に欠かすことができず、これこそが協働学習を使う説得力のある根

（4）本書の出版販売も行っている団体で、一二・五万人の会員を有する、教育関連でもっとも上質の資料・情報を発信している団体です。

（5）自己モニタリングは、自己評価を踏まえた自己修正・改善能力と捉えられます。

訳者コラム　「ソフトスキル」と「ハードスキル」

テストなどで測れるスキルを「ハードスキル」、測れない人間力的なものを「ソフトスキル」と言います。つまり、対人的な交渉や意思疎通などがうまく行える能力のことです。日本でも、経済産業省が「社会人基礎力」として似たようなことを2006年から言っています。

残念ながら、いま主流となっている授業では、これらのスキルを身につけることはできません。それゆえ産業界も、部活をはじめとした授業以外に期待をしないといけないという状況が続いています。しかし、授業でこれらを身につけられる方法として、『作家の時間』『読書家の時間』『たった一つを変えるだけ』『PBL』などがあります。「作家の時間、思わぬおまけ」でも検索してみてください。

拠となっています。しかしながら、教育者として私たちは、「いま、ここ」に注意を払う必要もあります。それは、私たちが教える教科での知識習得を確実に行うということを意味します。

すでに多くの研究成果により、教科や扱う内容に関係なく、生徒は小グループの活動に取り組むことでより多くを学び、より長く情報を保持することが分かっています（参考文献20参照）。また、協働的な活動に取り組む生徒は、授業への満足感が高かったり、より多くの課題を仕上げたり、一般的に学校が好きであることも分かっています（参考文献90参照）。

協働学習は、各教科において大切となる思考の習慣を身につけるためにも重要です。たとえば、理科の授業を例にとってみましょう。

理科の教師たちは、「科学者のように考える」を重要な目標として促進しています。しかしながら、指導がこの目標と一致しないときは思考が損なわれることになります。

生徒たちは、教科書に書かれている理科の内容はすべて暗記すべきものと思い込んでいます。彼らが、科学的な知識が進化してきたことに気づくことはありません。科学者たちが発見したことを議論したり、やり取りしてきたことが、まさに多様な解釈を可能にしたにもかかわらずです（参考文献76参照）。

私たちのほとんどが科学者にはなりませんが、一般庶民として日々科学に触れていることは間違いありません。それゆえ、次のことを踏まえておく必要があります。

「科学に関する情報に基づいた判断を下すために、科学者ではない者が知っておくべきことは、科学がどのように機能するのかという知識である」（参考文献76参照）

議論を引き起こすように仕組まれた協働学習の課題は、生徒たちを真の科学的な思考に取り組ませることになります。しかもそれは、科学における物議を醸しだしているテーマだけを対象にしているわけではありません。多くの領域で、対立する定量的・定性的なデータを検討することに生徒たちがチャレンジし、結論を導き出して、主張を裏づけることができます。それこそが、真の科学的思考なのです。

協働学習における重要な特徴

協働学習を理解するためには、その元と言える**協同学習**について検討することが大切となります。**協同学習**に関する一連の研究は、長年の間、教育の理論と実践面に貴重な情報を提供し続けてきました。その対象は、教師が提示し、体系化された課題に取り組むグループのなかで起こっているプロセスに焦点が当てられてきました。以下に示すのは、**協同学習**の五つの特徴[6]です（参考文献60参照）。

❶**互恵的な協力関係**——学習場面は、メンバーが相互に助けあわないと達成できない状況が設定されます。[7] 課題を達成するためには、メンバーが一丸となって取り組むことが大切となります。

❷**対面しての相互作用**——メンバーは相互に教え合い、互いの理解を確認しあい、概念や考えを話し合い、扱っている内容と自分たちとの暮らしとの関連を見いだします。

❸**個人とグループの責任**——生徒たちは、課題が求めている成果物を理解しています。メンバー全員がその最終的な成果物と、それをつくりだすなかでの個人的な貢献の両方に対して責任をもっています。

❹**社会的スキル**——生徒たちは、全員がチームワークのスキルを生まれながらに身につけているわけではありません。しかし、課題を成し遂げるためには社会的スキルを使わなければなりません。そのためには、リーダーシップ、意思決定、信頼関係づくり、順番に話す方法、傾聴、質問、助けの求め方や助け方、対立の回避などといったスキルを教える必要があるかもしれません。

❺**グループの改善手続き**——各グループのメンバーは、自らが達成したことと、グループとしての機能や各々の行為の有益性を改善するためにはどうしたらいいのかについて話し合います。[8]

協同学習の実践は、教師にとっても生徒にとっても問題があることがすでに判明しています。

教師は、生徒の目標設定の相違と生徒たちのスキルの幅の広さを著しい障害と捉えています。なかには、一人で取り組むことを常に希望する生徒がいることを嘆く教師もいます。

一方、生徒は、結果に対する責任の欠如に対して不満を述べます。作業の大部分を行ったある生徒は、メンバーのなかにはほとんど何もしなかった人がいたことを詳しく話します（何もしなかった生徒の言い分を聞くことはまずありませんが、そういう人たちは必ずいます！）。

一方、協働学習は、二つの点で協同学習とは違っています。

一点目は、計画された活動がより広範に定義されています。それは、現実的な問題に基づく学習（Problem-based Learning）(9)のようにきめが細かく、おおまかに構成されています。

二点目は、教師が活動のなかで助けとなる役割を果たすことです。単に各グループの進み具合をモニターし、クラス全体を管理するのではなく、教師はグループに介入したり退いたりしてガ

(6)　これについて、日本語で入手できる資料として『学習の輪——学び合いの協同教育入門』がおすすめです。
(7)　つまり、一人でもできてしまう課題が提示されることはないということです。
(8)　前掲した『学習の輪——学び合いの協同教育入門』には、そのための五つのステップが紹介されています。
(9)　現実的な問題に基づく学習（PBL）とは、「学習者を複雑な問題をはらんだ状況に置き、問題を明確化させ、調査や解決に取り組ませることを通して学びを加速的に展開させる学習方法」のことです。興味のある方は、『PBL——学びの可能性をひらく授業づくり』をご覧ください。

イドする指導にあたります。

換言すると、協同学習の重点は各グループが使う社会的なプロセスとなっていますが、協働学習は、各グループのなかで起こる学習の認識的側面とメタ認知的な側面に焦点が当てられているということです。

また、協働学習では、どこでどのように学びが起こるのかということについての制約も少なくなっています。より明確に言えば、協働学習は協同学習が求めるような対面のやり取りを求めません（参考文献60参照）。

今日、教室に普及しているデジタル機器は、協同学習の公式説明が形づくられたとき（主に、一九七〇年後半から一九八〇年代）にはまだ存在していませんでした。もちろん、SNS、教室とインターネットを組みあわせた教授・学習形態も存在しませんでした。これらが、生徒たちが同じ時に同じ場所にいることなく、相互に教え合い、互いの理解を確認し、概念やアイディアについて議論し、学習内容と自分たちの暮らしのつながりを見いだすことを可能にします。

もう一つの違いは、とくに課題が短くて単純な場合は、協同学習の柱の一つとなっている振り返りを行いません。

協働学習を協同学習と区別する最後の特徴は、学業に必要な言語の発達に対する関心と注目です。クラスメイトとやり取りをするときに生徒たちは、授業で扱う言葉を使うことが促されます。

この点は、人は言葉を通して学び、考えるという理解を反映しています。しかし、生徒たちは、言葉を自分で紡ぎだすことなしにアカデミック・イングリッシュ[10]（あるいはどの言語も）が上達することはありません。さらに、上手なアカデミックな言語の使い手である教師の言うことを聞いているだけでは、その教科の言語や知識が上達することもありません。

教科で使う語彙と語彙同士を結びつけるスピーチ、この両方が知識の習得には大切となります。たとえば、アカデミックな語彙と数学の言葉は、算数・数学を理解する場合には切り離すことができません。

数学的な理解における顕著な特徴の一つは、（特定の数学的な命題がなぜ正しいのか、あるいはどこから数学的な法則が来たのかなどを）生徒の数学的な発達に応じた方法で証明する能力となります。

（a＋b）や（x＋y）のような積を求める公式を覚えている生徒と、その公式がどのように導きだされたのかを説明できる生徒の間には、天と地の開きがあります。公式を説明できる

---

(10) 学術英語は、学業で成功を修める際に欠かせない言語となります。日常英語がいくら使いこなせても、学校でよい成績を収めることはできません。

生徒は数学を理解しています。ですから、より馴染みの薄い（a+b+c）や（x+y）の積を求めることもできるかもしれません。

数学的理解と手順のスキルはともに大切です。そして、それらは、ある程度中身のある数学的な課題を使うことで評価が可能です（参考文献73参照）。

言い換えると、生徒が「問題領域固有」と一般的な「アカデミックな語彙や言語」をどれだけ使いこなせているかが、概念やアイディアをどれだけ理解しているかを測る主な方法となります。自分が考えていることについてやり取りをする十分な機会が提供されないと、生徒たちは考える力の成長を妨げられてしまうことになります。この点における転換は、各州共通の基礎スタンダード（CCSS）にも反映されています。つまり、生徒に知識を詰め込む形で教師が教えることから、生徒たちが考えるような教え方に転換することが求められているのです。授業中に個々の生徒と十分なやり取りをする時間はありませんから、生徒たちには自分の考えをほかの方法で話し合えるようにする必要があります。

要約すると、協働学習には三つの重要な特徴があることが分かります。

❶少なくとも一人のクラスメイトと継続したやり取りがある。
❷生徒はそのやり取りで責任ある話し方をする（参考文献85参照）。

❸やり取りの会話は、授業で使っているアカデミックな言葉に基づいている。

しかしながら、協働学習の最中、生徒たちが取り組む課題の種類には大きな違いがあります。それは大きく二種類に分けられ、一つは「基本的なグループワーク」と呼ばれるもので、もう一つは結果を重視する活動で「建設的なグループワーク」と呼ばれるものです。両方とも、学ぶのには役立ちます。教師は、グループワークが達成しようとしている目的を考えることで、この二つをうまく使い分けているのです。

図4-1は、協働学習の二つのタイプを比較対照したものです。それについては、これから詳しく見ていきます。

図４－１　基本的なグループワークと建設的なグループワークの比較

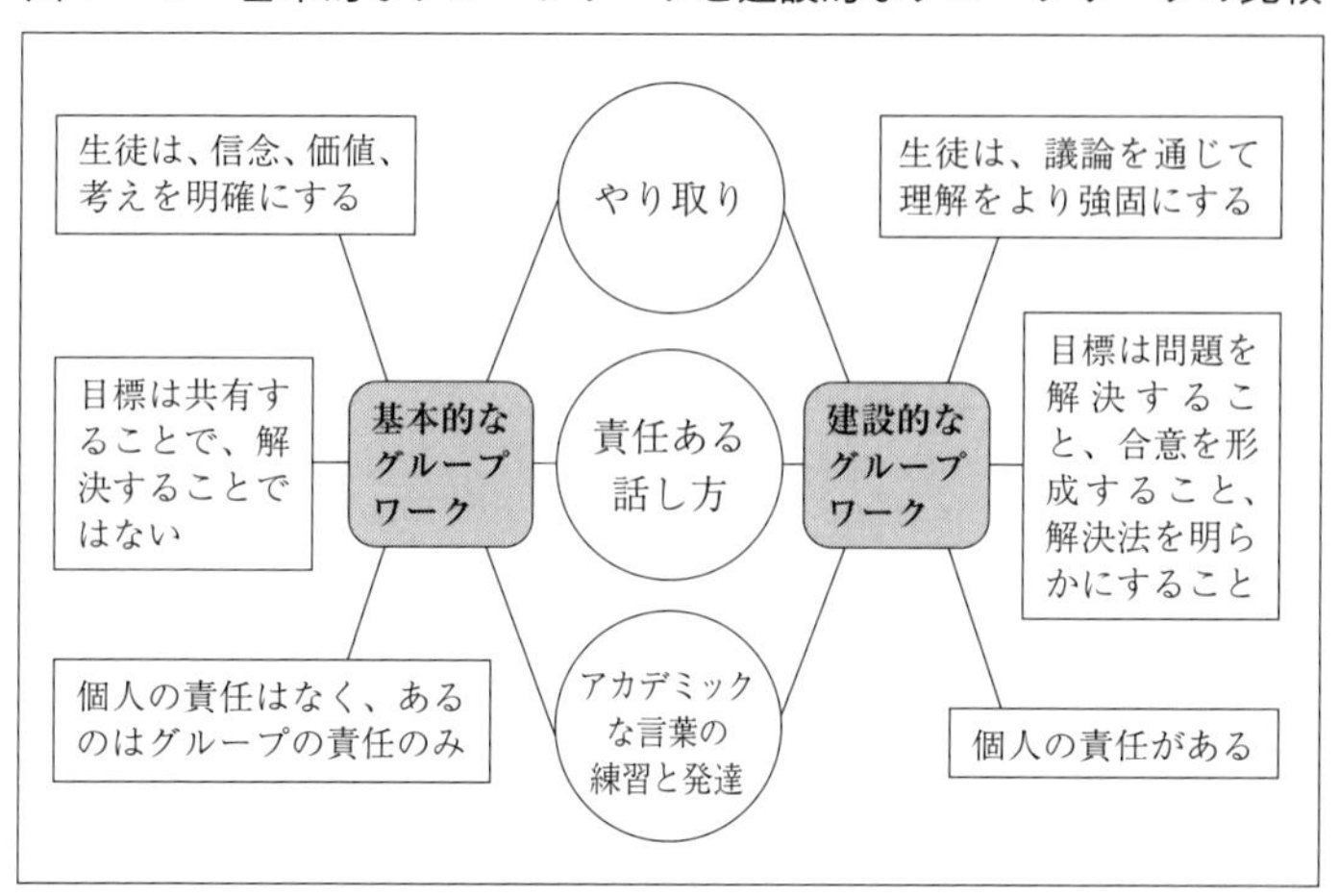

出典：Adapted from *Collaborative Learning: Ensuring Students Consolidate Understanding* by D. Fisher & N. Frey. Copyright 2012 by the International Reading Association.

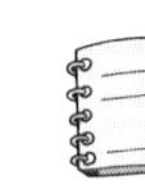

基本的なグループワーク——情報を共有し、考えをやり取りする

基本的なグループワークでは、生徒は自分の考え、価値、信念を共有し、クラスメイトに対しても同じことを聞いて考えます。これらを共有する活動は、私たちがもっとも頻繁に見るグループワークです。よい例として挙げられるのは、よく知られた「think-pair-share（一人で考えて↓二人で共有して↓クラス全体で共有する）」と、その応用である「think-write-pair-share（一人で考えて↓書いて↓二人で共有して↓クラス全体で共有する）」や「think-pair-square（一人で考えて↓二人で共有して↓四人で共有する）」などです。

これらの方法は、私たちが訪ねたほとんどのクラスにおいて見られました。これらの共有する活動は、短い時間ですることができ、あらかじめ準備することもなく、その場で臨機応変にすることが可能となっています。とくに、生徒たちが授業に集中できなくなりはじめて、クラス運営の観点や、生徒たちを再び熱中して取り組ませる必要があるときには効果的です。

他の基本的なグループワークは、より時間がかかり、目的を絞ったものとなっています。たとえば、保健福祉教育を担当するアート・ホリングスワース先生は進路指導の授業において、一つの単元で信念と価値についての活発なやり取りを起こすために「四つのコーナー」という方法を使いました。彼が使った方法は次のようなものでした。

私は、福祉に従事する人たちが課せられている「職権で命ぜられた報告義務」について教えなければなりません。しかしながら、私が教える生徒たちは、プライバシーということに対してまったく異なる考えをもっています。彼らは秘密を守ることに価値を置いています。秘密を守ることが、友人関係にとってとても大切だということを学んでいるからです。

とはいえ、疑いのある虐待やネグレクトに関する報告義務については、友人間での当たり障りがない秘密を守ることとは次元が違う、ということを理解してもらう必要があります。

ホリングスワース先生は、教室の四隅に大きなサインを掲げました。「強く同意する」「同意する」「反対する」「強く反対する」の四つです。ちなみに、「どちらでもない」は使いません。その結果、生徒は態度を明確化する必要があるからです」と、ホリングスワース先生は教えてくれました。

先生は、保健福祉担当が遭遇した虐待ないしネグレクトのシナリオをいくつか読み上げました。生徒たちは当局に報告する必要があるかどうかを判断して、自分の判断にあったサインが掲げてあるコーナーに移動します。そして、同じコーナーに集まった者同士で話し合いを行います。

「一つのシナリオが、とくに物議を醸しました。それは、繰り返しあざをつけて登園してくる子どもを見かけた保育士のケースでした。『母親は、子どもがドジな子だからと説明しています』と、先生が言いました。生徒の多くは、保育士は報告すべきだと主張しましたが、一方で保育士は証拠をもっていないと主張する生徒もいました。このケースは、生徒たちの考えを推し進めました。そして、職権で命ぜられた報告義務の法律文言まで見直し、彼らは調査する必要はなく、疑わしいだけでいいということを確認しました」

彼が目標にしていた生徒の価値や信念を明確化することが、さらに発展した指導の道を開いたと言えます。

生徒たちの考えをやり取りするもう一つの方法は、回転木馬式の配置を使うことです。小グループになった生徒たちが順繰りに情報（あとで話し合いをするための背景となる知識）を集めて、いくつかのセンターを回って歩くという方法です[11]。

小学校三年生を担当しているエミリー・オルドリッチ先生は、この回転木馬を、光の性質について学ぶ理科の授業で使いました。生徒たちは三つのセンターを回りました。一つは屈折を学ぶためのプリズムが置いてある所、二つ目は光源の位置を変えることによって影の形や大きさをどのように変えるのかを学ぶ所、そして三つ目はコンパクトディスクが置いてある所、です。

最後のセンターで生徒たちは、太陽の自然光をはじめとして異なる光源にCDを傾けて虹色の反射をつくりだすという実験をします。それぞれのセンターで生徒たちは話し合い、観察したことを記録に取ります。

オルドリッチ先生は、回転木馬の配置を使うことが自分の指導目標を達成するのに役立っていると説明してくれました。


これは、光の単元への導入になります。子どもたちに、二つの概念を理解してほしいと思っています。一つは、光源の位置を変えると、それによってできる影の形や大きさが変わることについてです。二つ目は、可視光は屈折して虹色になるということです。

あとで、可視光の反射と吸収が、物体の知覚色にどのように影響するかを見ることになります。この時点での子どもたちの観察を、そのための出発点として活用するのです。

---

(11)　コーナーも、センターも、教室の中に指定された場所のことです。単に生徒たちが集まったり、椅子や机だけがあったりする場合もありますが、本文にある理科の授業で示されるように、異なる教材が置かれていて、異なる活動に生徒たちが取り組む場合もあります。

オルドリッチ先生の基本的なグループワークの使い方は、協働学習での探究的な学びをクラスでつくりだす際のよい例と言えます。

すでに指摘したように、責任の移行モデルは忠実に順番通りにやらなければいけない、という誤解がありがちです（たとえば、協働学習は常に「教師がガイドする指導」のあとに行われるというように）。

しかしながら、とくに理科など多くのクラスでは、好奇心を喚起したり、背景となる知識を呼び覚ましたり、そして新しい学びのお膳立てをしたりするために「探究」がしばしば使われています。つまり、協働学習で単元をはじめることで、生徒たちがすでにもっている概念や知識やスキルを活用することができるようになるのです。

それらは、生徒たちが観察を記録したり、話し合ったりするところを見ても明らかです。彼女は新しい知識を導入していません。その代わり、すでにもっている知識を新しい状況に応用するように生徒たちに求めています。要するに、彼女の目標は基本的なグループワークの目標と一致しているのです。彼女は、生徒たちが問題を解決したり、解決法を明らかにしたりするのではなく、単に考えを共有してほしいだけなのです。

基本的なグループワークのなかでの「教師がガイドする指導」

小学校における指導形態として特徴的なことと言えば、コーナーやセンターが頻繁に使われることとなります。[12]これには大きなメリットがあります。これらをすることで子どもたちは、自立して取り組めることや、クラスメイトといっしょに取り組むことでコミュニケーションをとったり協力したりすることも学びます。

ほとんどの生徒がコーナーやセンターに取り組んでいる間、教師がガイドする指導を必要としているグループに対応することが可能となります。したがって、コーナーやセンターは、生徒たちがスキルや概念を身につけようとする際、その練習の機会を提供するように計画されています。そして、生徒たちが取り組む課題は、複雑さの度合いでは低いほうに設定されます。そうすることで、協働学習のグループが教師による最低限の指導やサポートで機能できるからです。

とはいえ、教師が「それをしなさい」と言うだけで、生徒たちがコーナーやセンターで効果的

---

(12) コーナーとセンターに興味をもたれた方は、『ようこそ、一人ひとりをいかす教室へ——「違い」を力に変える学び方・教え方』の第7章と第8章を参照してください。詳しく紹介されています。

な作業ができるわけではありません。どのように作業をはじめて、グループとして機能するためにはどうしたらいいのかについては、しっかりと教わる必要があります。

コーナーやセンターを運営する際に必要となる設備や手順（始まりや終わりの合図、必要なものが置かれている場所の理解、使い終わった備品の置き場所など）を生徒たちがしっかりと理解していなければなりません。小学校の教師には、計画しているコーナーやセンターを系統立てて導入し、学年の最初の四週間（二〇日間）は練習に当てることをおすすめします。

具体的には、クラス全員に一つのセンターでやるべきことについて教えてから、十分な練習を行います。そして数日後、同じように二つ目のセンターについてやります。生徒たちが二つ目のセンターを容易にできるようになったら、クラスを二つに分けてそれぞれが各センターに取り組み、終わったら交代します。そして、新しいセンターを導入するたびに（最後のセンターも容易にできるようになるまで）このパターンを繰り返します。

このように、協働学習をできるようにしておくと、教師はニーズの高いグループと「教師がガイドする指導」に時間を費やすことができます。**表4－1**では、基本的なグループワークのコーナーやセンターを系統的に導入するための、二〇日間のスケジュールを紹介しました。

表４－１　基本的なグループワークのセンターを実践する際の20日間の計画

1日目	2日目	3日目	4日目	5日目
協働学習についてレッスン：協力して学習する際の目標と期待は何か？	一つ目のセンターの導入	センター１を順番に練習して、振り返る。生徒たちを観察して、進み具合を評価する。	二つ目のセンターの導入	センター２を順番に練習して、振り返る。生徒たちを観察して、進み具合を評価する。
6日目	**7日目**	**8日目**	**9日目**	**10日目**
センター１とセンター２を同時に実施。クラスを半分に分けて、交替して取り組む。	協働学習についてのレッスン：グループが行き詰ったときに、助けを得る方法。	三つ目のセンターの導入	センター３を順番に練習して、振り返る。生徒たちを観察して、進み具合を評価する。	センター１～３を同時に実施。クラスを三つに分けて、順番に取り組む。
11日目	**12日目**	**13日目**	**14日目**	**15日目**
振り返り。センター１～３を同時に実施。個人とグループレベルの両方で振り返る。	協働学習についてのレッスン：助けをどうやって提供したり、受け入れたり、断ったり、求めたりするか？	四つ目のセンターの導入	センター４を順番に練習して、振り返る。生徒たちを観察して、進み具合を評価する。	センター１～４を同時に実施。クラスを四つに分けて、順番に取り組む。
16日目	**17日目**	**18日目**	**19日目**	**20日目**
振り返り。センター１～４を同時に実施。個人とグループレベルの両方で振り返る。	五つ目のセンターの導入	センター５を順番に練習して、振り返る。生徒たちを観察して、進み具合を評価する。	協働学習についてのレッスン：終了したことはどうやって分かるのか？　次にすることは？	五つの協働的なセンターが機能するなかで、教師主導のセンターを導入。

出典：Productive Group Work: How to Engage Students, Build Teamwork, and Promote Understanding, by N.Frey, D. Fisher, & S. Everlove. 2009 ©ASCD

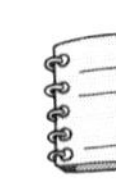

建設的なグループワーク――問題を解決したり、解決法を明らかにしたりする

基本的なグループワークは、生徒に自分の考え、価値、信念を表現させるためとても価値があります。また、クラスメイトとのやり取りにおいて、聞く・話すスキルを応用するチャンスも提供します。しかし、基本的なグループワークは、主として生徒たちがすでにもっている知識を利用するだけとなっています。

責任の移行モデルにおける重要な要素は、生徒が自分の考えを強固にしたり、進化させたりする必要のある問題に直面し、解決するために新しい知識を使う点です。この目標は、基本的なグループワークのそれとは著しく異なります。そして、この点こそが建設的なグループワークを際立たせる特徴となっています。

建設的なグループワークでは、常に成果物があり、責任はグループと個人の両方にあり、自分たちの結論を支持し、そして証拠を提供するために生徒たちは討議することになります。

問題を解決して、解決策を明らかにすることが、建設的なグループワークの中心的な目標です。これを実現するためには、生徒たちは時間の管理、目標設定、グループのための計画づくりなど、ソフトスキルを応用する必要が出てきます。これらはいずれも、年少の子どもたちにとってはとくに挑戦しがいのある課題となります。

その子どもたちがうまくやれるためには、多様な足場を提供することが必要となります。それには、話し合いをする際の助けになる言葉のリスト、グループの考えを残すためのワークシート、そして、調査やプレゼンテーションのためにアイディアを出しあう会議をする際に必要となるチェックリストなどが含まれます。

生徒が知っているべき建設的なグループワークの四つの方法

建設的なグループワークをする際に役立つ方法はたくさんあります。ここで紹介するのは、教科に限定されず、多様な教科で応用可能な四つの方法です。私たちのお気に入りとなっていることらの方法は、同じ学年を担当する教師全員が使えるようにしておくことをおすすめします。

話し合いの円卓

国語（つまり英語）の教師で、多くの著書があるジム・バーク先生の実践（参考文献13参照）に私たちは触発されて、彼が「会話のための円卓」と名づけた方法を少しアレンジすることにしました。これは、建設的なグループワークのなかで、話し合いとノート取りを促進するために彼が開発した方法です。

生徒に一枚の紙を渡します。そして、その紙を四分の一になるように折ってから、紙の中央部分がダイヤモンド型になるように、さらに折るように指示します（**図4－2**を参照）。

生徒は名前の下にメモを書いて、自分の考えを残りのメンバーに説明します。各メンバーは、残りの人の考えをそれぞれ「参加者2～4」に書き込み、最後に自分なりの要約ないしまとめを真ん中にあるダイヤモンドのなかに書きます。全員がこのシートを提出すると、教師は、話し合いがどのように展開したのか、各自が話し合いにどのように貢献したのか、さらには話し合いのあとに各自がどのような考えに発展したのかについて把握することができます。

この方法が他の複数の教科に転用された様子を、私たちは見たことがあります。数学では、各グループに複雑な文章題が提示されていました。各メンバーは、問題を解決するために異なる側面を提案する役割を担いました。

一人目は、問題が何を解くことを求めているのかを明らかにし、二人目が問題を図化して表示し、三人目は問題を計算し、四人目は自分たちがすでに知っている数学のモデルと関連づけていました。それぞれがしたことを紹介しあったあと、各生徒が自分の解法の証明を書きました。

図４－２　話し合いの円卓のためのシート

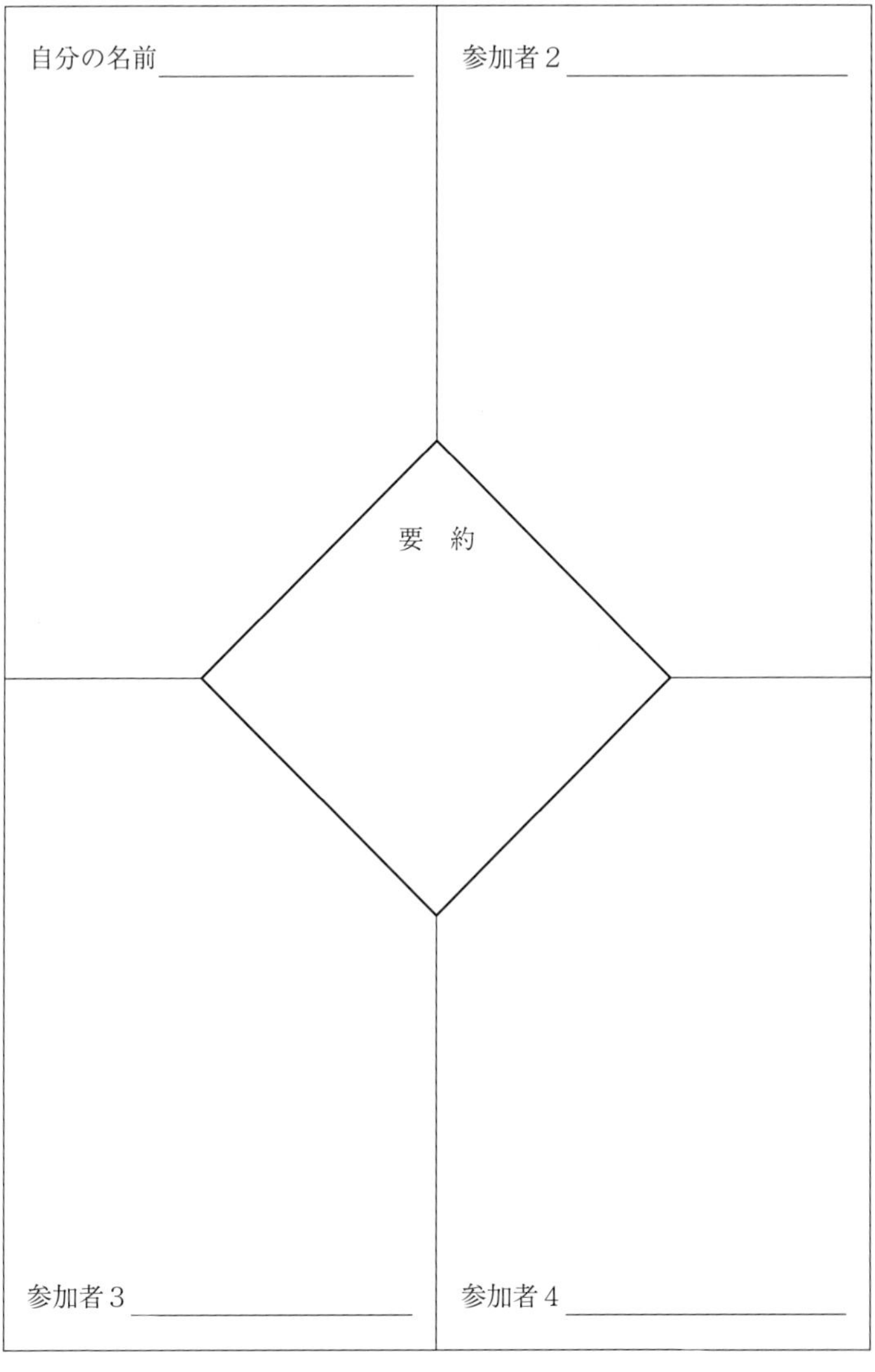

自分の名前＿＿＿＿＿＿＿＿＿＿
参加者２＿＿＿＿＿＿＿＿＿＿

要　約

参加者３＿＿＿＿＿＿＿＿＿＿
参加者４＿＿＿＿＿＿＿＿＿＿

協働して作成するポスター

クラスメイトと協力して視覚的な掲示物をつくりだすことは、考えと情報の関連を生徒たちに見えやすくします。生徒たちに証明の仕方を教えるためにパム・トラン先生は、幾何を学ぶ生徒たちに証明の仕方を教えるために、協働して（視覚的な掲示物の一種である）ポスターづくりを行いました。

各グループにいる四人のメンバーには、それぞれ異なる課題が提供されます。それぞれが異なる色のマーカーを持ち、ポスターの裏には自分の名前を書きます。このサインは、各自がポスターの作成に貢献したこと、そしてポスターに盛り込まれた情報に対する責任の証しとなります。話し合いのなかでは、トラン先生が何回か示した見本のプロセスを含めて、「焦点を絞った指導」の段階で学んだ証明を応用します。

❶定理の文章を特定するか、自分たちでつくりだす。
❷与えられていることを述べる。
❸与えられていることを図化して示す。
❹何を証明するのかを書きだす。
❺証明を提供する。

この証明の仕方を見本として示すことはとても重要です。また、「教師がガイドする指導」は、生徒たちの誤解を正したり、知識のギャップを埋めたりするために使われます。そして協働学習では、生徒たちがすでに知っていることを使いこなすということが求められます。

協働で作成するポスターは、異なる学年や教科で使うことができます。たとえば、小学一年生の場合であれば、二人の登場人物の共通点と相違点をベン図[13]で表すことができます。一方、六年生たちは、エジプトの歴史上に登場した王朝を理解するためにタイムライン（年表）[13]を使います。また、生物の生徒たちは、自分たちの細胞分裂についての理解を示すために工程図（フローチャート）[13]をつくりました。

互いに教え合う

互いに教え合うとは、一組四人のグループが一つのテキストを個別に読んで、そのあとでテキストについての話し合いをするという方法です（参考文献77参照）。話し合いは、「要約する」「質

(13)　ベン図、タイムライン、工程図が、協働して作成するポスターの具体的な例です。検索エンジンでこれらのキーワードを入力すると、それぞれの図を見ることができます。

問する」「明らかにする」「予想する」という四つの方法に意図的に限定されています。

他の協働学習と同じように、生徒たちには互いに教え合う前に見本を見せられたり、(14)練習したりすることが必要となります。この方法も、生徒が話し合いを構成する左記の四つの方法を理解しているともっとも効果的に行われることになります（参考文献75参照）。

❶要約する——テキストの主要な点を、文章か口頭で短くまとめたものです。テキストは、文章、段落（パラグラフ）、あるいは作品全体のレベルで要約することができます。この方法を最初に使うときは、生徒たちは主に文章や段落レベルで行います。慣れてきたら、徐々に段落や節のレベルなど、読む量を増やして要約するようにします。

❷質問する——生徒たちを、探究と検証に焦点を当てさせます。質問づくりをする過程で、どんな情報が質問に値するのかが見極められるようになります。互いに教え合うなかで質問をしあうとき、相互の質問に答えることで話し合いはテキストの枠を越えていきます。

そして、見本を見せられたり、練習をしたりすることで、徐々に生徒たちはより複雑な質問ができるようになります。たとえば、以下のような四つの種類の質問ができるようになります。①すぐに答えられる質問、②よく考えたり、調べたりしないと分からない質問、③書き手とあなたに関係する質問、④あなただけに関係する質問（参考文献84参照）。

あるいは、カギとなる詳細、言葉、文章の構造、書き手の目的、推測、評価や根拠など、生徒たちはテキストに関連する質問に焦点を絞るかもしれません（参考文献38参照）。

❸明らかにする――生徒が理解できていなかったことに気づくメタ認知的な活動です。テキストについて話し合うなかで、理解を妨げている部分に対して質問をすることがあります。互いに教え合う最初の段階では、個々の言葉についてはっきりさせる質問が多いです。

しかし、生徒たちは困惑していることや、ほかの人がもっているかもしれない背景となる知識、そしてテキストのなかで説明されている馴染みのない経験などについて、徐々に質問をしはじめます。加えて、見本を見せられたり、練習をしたりすることで、生徒はイメージの描き方など他の理解のための方法を使いはじめます。

イメージを描く方法を効果的に教えるのであれば、生徒に「読みながら、頭の中に映画のような映像を描いてみなさい」と言ってみることです。

❹予想する――次に何が起こるのかということに関して、提供されている情報をもとに知的な予測をすることです。よい予測をするためには、背景となる知識や予備的な知識を活性化し、書き手が言っていることに注意を払い、そして推測をする（行間を読む）ことが必要となります。

（14）　理解のための方法については、二七ページの注（23）を参照してください。

予想することは、その予想が当たっているかどうかを確かめるために読み続けることになるので、読み手をテキストに熱中させることにもなります。

互いに教え合う方法が、生徒たちを自立的な学び手にするためにどのように役立っているのかを確認するために、小学四年生で栄養と運動と健康の単元を学習しているトニー・ネルソン先生の理科の授業をのぞいてみましょう。「焦点を絞った指導」と「教師がガイドする指導」によって、生徒たちには協働学習をする用意ができています。建設的なグループワークのメンバー全員は、アメリカ農業省が作成している「自分が摂る食事を選択する」(https://www.choosemyplate.gov/)のコピーを手にしています。

生徒たちは、「要約する」「質問する」「明らかにする」「予想する」ことを通して、それを読んで話し合います。話し合いの準備をするために、各グループのメンバーはメモをとります。このテキストは、単元で使った他の教材よりも多くの質問を生みだしました。「互いに教え合う」の発展としてネルソン先生は、生徒たちにさらなる調査をしてみたいと思う一つの質問を、各グループの質問リストから選ばせました。(15) エインジェルという生徒のグループで、その候補に挙がった質問のリストは次のとおりでした。

・健康にいい食品とは何か？　不健康な食品は？

・健康的に食べることはなぜ大切なのか？
・健康的と考えられている食品を昨日の夕食でいくつ食べたか？　逆に不健康なものは？
・図によると、あなたは健康的な食事を食べているか？
・より健康的に食べるために、あなたは何を変えるか？
・家で、より健康的に食べることは可能か？　また、学校では？

エインジェルは最後の質問を選び、その答えを求めてインターネットで検索したり、追加の本や資料、そしてデジタル情報を読みはじめました。一週間という質問に対する調査期間中、生徒たちはたくさんの資料を読み、答えとなる下書きを書き、ネルソン先生と会って校正のためのセッションをもち、そしてクラスメイトからフィードバックももらいました。エインジェルの回答はとても複雑なものでしたが、その一部を紹介しておきましょう。

――もし、あなたが望み、大人の助けがあるなら、より健康的に家で食べることは可能です。

（15）生徒たちが協力して質問をつくり出してから、一つの質問を選び出すプロセスについては『たった一つを変えるだけ』を参照してください。

少しの教育が提供されることで、親もカフェテリアのスタッフも、より健康的な食事を準備することができるようになります。もちろん、生徒たちも、揚げ物などの不健康な食事を求めることを辞めなければなりません。健康的に食べるためには選択が必要で、よい選択をする必要があります。

ネルソン先生の授業では、当初、すべての生徒が一つのテキストを読んで、それにコメントをしていました。しかしながら、異なる状況ではたくさんの情報を集約することで生徒の理解を構築したいという場合もあります。それを可能にするのが、次に紹介する「ジグソー」という方法です。

ジグソー

協働学習のルーティンでは、グループの各メンバーはそれぞれ異なる内容を学び、そのあとで他のメンバーと互いに教え合います。ここで紹介するジグソーは、一九七一年、テキサス州のオースティンにおいて、教室の中に存在した対立を何とかしたいと考えたエリオット・アロンソンによって開発されたものです。(16)

当時、ほとんどの教室では、生徒たちが成績のために互いに競争しあっており、協力して何かをするといった機会や動機もありませんでした。アロンソンが目標にしていたのは、肯定的な相互依存のクラスにつくりかえることだったのです。

アロンソンの実践は、元々小学五年生のクラスで行われたものですが、この方法はどの学年でも、どの教科でも使うことができます。歴史教師であるハヴィア・ヴァッカ先生は、生徒たちが一次資料や二次資料について学ぶときは、決まってジグソーを使っています。

常に戻ってくるホームグループで生徒たちは、共通の資料についての知識を得、学んだことを他のメンバーと共有します。ちなみに、生徒はみな、特定の資料やテーマについての専門性を協力して高めるエキスパートグループのメンバーでもあります。

エキスパートグループこそが、ジグソーが成功する要です。各メンバーは、グループのメンバーが結集したことによってつくりだされた知恵の恩恵を受けるからです。これによって、エキスパートグループのメンバー全員が、確実に自分の担当資料を理解できるようになるので、ホームグループに戻ってから、分からないままうっかり進んでしまうということが避けられます。

第二次世界大戦中の国内状況について扱う単元において、カサンドラという生徒はエキスパー

---

(16)　www.jigsaw.org を参照してください。訳書に『ジグソー法ってなに？——みんなが協同する授業』があります。

トグループでフランクリン・ルーズベルト大統領が一九四二年二月二三日に行った二〇回目の炉辺談話[17]である「戦局について（On the Progress of the War）」というタイトルの、ラジオ演説の原稿を分析しました。

カサンドラのグループは、長い演説を大きな塊に切り分けて、互いに教え合う方法を使って深く話し合うことにしました。メンバーの一人であるレックスが、ルーズベルト大統領が演説の冒頭でバレー・フォージ（Valley Forge）にいたジョージ・ワシントン[18]の軍隊に言及していたことについてコメントを述べたので、メンバー全員で軍隊の動きとその重要な陣地を理解しようと地図を広げて調べました。

そのあとカサンドラは、ラジオ演説原稿の最後の部分にみんなの注意を促しました。その箇所では、軍需品の生産拡大に対する努力、またそれを可能にするために労働紛争を棚上げにすることを、大統領が聴衆に対して懇願していたのです。

四五分後、カサンドラはホームグループのメンバーと再び会いました。それぞれが、自分の分担部分でエキスパートになって戻ってきています。その日の残り時間と翌日は、戦時公債について互いに教え合い、上映キャンペーンに使われたいくつかの映画の場面を観ています。また、一般市民を対象にした配給制度を説明した二次資料を読み、食料配給券が実際にどんなものだったのかの画像も見ました。

ホームグループのメンバーであるマリオは、食料の配給を補うために造られた「勝利のための庭」[19]に関する情報を他のメンバーに提供しました。彼は、この制度はアメリカに限定されたものではなく、第一次世界大戦においても多くの国々が実施していたことを知ったと教えてくれたあと、次のように述べました。

「勝利のための庭を配給制度と一緒にすることで、戦争に勝つために、国民自身が犠牲を払っていることを意識できるようにしていたというのは面白いと思いました」

メンバー全員のプレゼンテーションが終わると、使った資料をまとめる作業に入りました。彼らが結論に含めたことは、これらの努力は経済的な観点から必要だっただけでなく、アメリカ国

---

(17)（Fireside Chats）ルーズベルト大統領が一九三三〜一九四四年にかけて三〇回実施した、国民向けラジオ演説のことです。現大統領がツイッターで世界中に迷惑を振りまいているのとは、かなり異なるアプローチと言えます。「fireside chat on the progress of the war」で検索すると、実際に彼のラジオ演説を聴くことができます。

(18) イギリスに対して独立宣言をしたあとの独立戦争で、ジョージ・ワシントン（初代大統領）は一七七七年から一七七八年にかけての冬、ペンシルベニアのバレー・フォージで、食糧・衣料・物資の不足するなか厳寒に耐えなければならなりませんでした。ワシントンの大陸軍にとっては、バレー・フォージは最悪の時期でした。しかし、それ以外は、一七七七年がこの戦争の転換点だったことを指しています。

(19) 戦時中、食糧不足を補うために野菜を家々の庭でつくったことを指しています。

民に主体性をもって戦争に貢献することを意識させるために行われていたということです。カサンドラは、ヴァッカ先生にこの点を次のように説明しました。

多くの人は、ほとんどの場合、個々人が違いを生みだせるとは思っていません。政府は、国民を巻き込むために、何が起きているのかを知らせることに多大な努力を払っていたように思われます。そして、自分が巻き込まれていると思えるときに人は、大義のために自らの犠牲に対しても価値を見いだすことができ、意味を感じることができるのです。

建設的なグループワークを促すその他の方法

以上で紹介してきたような建設的なグループワークにおける一般的な方法以外にも、生徒たちを学びに引き込むために教師が使える方法がいくつかあります。ここでは、そのうちの二つを紹介します。両方とも、内容とメンバー相互のやり取りの面において、より濃密な学びの機会を生徒に提供します。

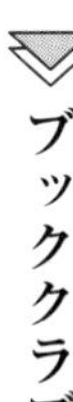

ブッククラブ

ブッククラブとリテラチャー・サークルは、読む本を一人ひとりが選べるだけでなく、生徒が中心となって小グループの話し合いができるので人気の高い方法となっています[20]（参考文献18・67参照）。

生徒は、ほかの人がいる所では読みません（つまり、一人読みができるときや家で読んできます）。すでに読み終えて、話す準備ができたうえで集まります。ブッククラブやリテラチャー・サークルでは、何を読むのかの選択と、グループ構成の一時性が重視されます。使う本が変わるときにグループの構成も変わります。ブッククラブおよびリテラチャー・サークルには原則があり、ここではその三つを紹介します。

❶生徒は自分の読む本を選択する――教師が集めた本からの選択に限定されますが（それらには、

（20）『読書がさらに楽しくなるブッククラブ』『読書家の時間』『本を読んで語り合うリテラチャー・サークル実践入門』を参照してください。ブッククラブによっては、メンバー構成を変えることなく、ある程度の期間同じメンバーで固定したほうがより深い話し合いができるという考え方もあり、それを実践している人も少なくありません。『リーディング・ワークショップ』（とくに第13章）を参照してください。

共通のテーマがあったり、難しさのばらつきをもたせたりする意図があるからです）、どれを読むかは生徒自身が決めます。時には、教師による「芸術的とも言えるアドバイス」に基づいて選択が行われます（参考文献19参照）。そして、共通の本を選んだ生徒でグループを形成することになります。言い換えれば、共通の興味をもったグループが形成されるということです。

❷**生徒は自分とメンバーに対して責任をもっている**――責任に含まれるのは、記録を取ること、話し合いに貢献すること、そしてもちろん、スケジュールに合わせて事前に話し合うところを読んで準備をしてくることです。もし読んでこないと、最高で六人ぐらいでしかないメンバーのなかで、それを隠すのは不可能でしょう。生徒たちは、自分たちの基本的なルールや、いつ会って話すかといったスケジュールも決めます。進め方に馴染んだら、次の集まりまでにどれだけの量を読むかを一緒に決定します。

❸**生徒が中心の話し合いなので、取り組みの度合いが増す**――小グループでの生徒たちの参加度合いが比較にならないほど増すほか、各人の「話す時間」も一斉授業のときに比べると格段に増します（参考文献19参照）。あまり発言しない生徒を話し合いに招き入れることはメンバーの役割となっており、教師の役割ではありません。

責任を一切とる必要のない一斉授業に慣れきった生徒たちのなかには、このように自分が主体的に話し合いに参加することが不得手だと言う人もいます。リテラチャー・サークルにおいては、取り組みはじめの段階で、生徒中心の話し合いを円滑に進めるために役割シートを使っています。[21]その役割は「進行役」「質問役」「語彙の補強役」などで、話し合いの中身と一致しています。生徒たちが話し合いに慣れるに従って、役割をもたずに、メンバー全員がすべてにかかわるという普通の話し合いの雰囲気に変えていきます。

実例を紹介しましょう。[22]

甲斐崎先生が教える六年生の生徒たちは、五年生のときからブッククラブに取り組んでおり、今は四度目のサイクルを回すところです。それぞれのサイクルにおいて、各協働グループは六〜八冊の選択肢のなかから本を選んで読み合い、話し合いを進めていきます。

甲斐崎先生は、話し合いを深めるコツは二つあると言います。一つはコンテンツ（内容）で、

---

(21)　前出の「読むときの理解するための方法」と一致しています。と同時に、「ジグソー」（一五〇ページ）で紹介したように、各メンバーが自分のエキスパートの領域をもって話し合いに臨むアプローチと考えられます。しかし、小学一年生ですら役割を決めないブッククラブができてしまいますから、もしリテラチャー・サークルのアプローチを使うなら、これらの方法に馴染んでいない初期の段階のみに限定したほうがいいでしょう。詳しくは、『読書がさらに楽しくなるブッククラブ』の一六〇〜一七一ページを参照してください。

(22)　原書で紹介されている事例において挙げられている本は日本語に訳されているものがほとんどないため、版権保持者の了解を得たうえで、日本での実践例に差し替えました。

もう一つはやり方（方法）です。一つ目のコンテンツについて甲斐崎先生は、次のように述べています。

「これはもう簡単で選書に尽きます。いかに子どもたちの話し合いに耐えられる本を提供するかにかかっています。この点で失敗すると、その後のブッククラブはまったく時間の無駄になってしまいます。子どもたちの読みのレベル（量、質、時間の使い方など）と読みの志向（ジャンルなど）をしっかりと見取ることだと思います。と同時に、本の中身も非常に重要です。本のなかに、子どもたちの価値観をひっくり返したり、考えさせたり、深めたりするようなものがあることが必要です。子どもの状況と本の内容という組み合わせが、ブッククラブの話し合いの質を決める重要な要素になると思います。もちろん、失敗した本もあります。まさに、教師もトライ&エラーで学んでいます(23)」

選書のテーマを「戦争と平和」とか「生と死」とかのように統一しておくと、最後に共有するときに全体で行うことができるというメリットがあります。また、本は違ってもテーマが同じだと、違う本同士のチームをつくったり、読書パートナーを使ったりと、違った形で交流する（それぞれが読んだ本の紹介をしあう）ことが可能となります。甲斐崎先生が紹介してくれた六年生対象のテーマと選書の例は**表4-2**（一六〇ページ）のとおりです(24)。

二つ目のやり方については、「ミニ・レッスンとカンファランス、およびフレームづくり（グ

ループづくり）の三つの観点で対応している」と甲斐崎先生は述べています。(25)

先生の発問と子どもの回答だけに終始する既存の国語の授業と違って、ブッククラブは「読むこと」と同時に「書くこと」と「話すこと・聞くこと」を見事なまでに統合・横断する活動であって、どれを一つ欠いてもうまくいきません。ですから、話し合うことを教えることもとても大切で、それを担って行うのがミニ・レッスンなのです。

ただ単に「話し合ってください」という一言で話し合いが深まることは当然ながらありえないわけですから、このミニ・レッスンで先生から教えることもあれば、子どもたち同士で「話し合うことについて話し合う」ことも行います。各回のブッククラブで、本の内容について振り返ることと同時に、話し合い方についても振り返ります（**表4－3**）。それが、次

---

(23)『読書がさらに楽しくなるブッククラブ』の一四四ページ。

(24) テーマ別の絵本のリストに興味のある方は、pro.workshop@gmail.com に連絡をください。絵本を使ったブッククラブは、詩とともに、小学校高学年～高校で行う本格的なブッククラブの予行練習として最適です！

(25) ミニ・レッスンとカンファランスはリーディング・ワークショップの主要な柱で、ブッククラブをするときも、教師の役割として行い続けます。詳しくは、『リーディング・ワークショップ』および『読書家の時間』をご覧ください。

表4－2　甲斐崎先生が紹介した6年生対象のテーマと選書例

テーマ	例
宮沢賢治と絵本	「やまなし」「双子の星」「虔十公園林」「なめとこ山の熊」「よだかの星」「どんぐりと山猫」「注文の多い料理店」以上、宮沢賢治 「てぶくろを買いに」新美南吉 「きつね三吉」佐藤さとる
ファンタジー	「ナルニア国物語　ライオンと魔女」C・S・ルイス 「ローワンと魔法の地図」エミリー・ロッダ 「ダレン・シャン」ダレン・シャン 「霧のむこうのふしぎな町」柏葉幸子 「ルドルフとイッパイアッテナ」斎藤洋 「十五少年漂流記」ジュール・ヴェルヌ
生と死	「ぶらんこ乗り」いしいしんじ 「だれが君を殺したのか」: イリーナ・コルシュノウ 「ゾマーおじさんのこと」パトリック・ジュースキント 「カラフル」森絵都 「永遠の夏休み」折原みと 「ルイーゼの星」カーレン・スーザンフェッセル
ノンフィクション	「エンデュアランス号大漂流」エリザベス・コーディー・キメル 「ユウキ」岸川悦子 「ちび象ランディと星になった少年」坂本小百合 「盲導犬クイールの一生」石黒謙吾 「秘密の道をぬけて」ロニー・ショッター 「マヤの一生」椋鳩十
生き方を考える	「ギヴァー」ロイス・ローリー 「ヒトラーのはじめたゲーム」アンドレア・ウォーレン 「時をさまようタック」ナタリー・バビット 「弟の戦争」ロバート・ウェストール 「テラビシアにかける橋」キャサリン・パターソン 「無人島に生きる十六人」須川邦彦 「穴」ルイス・サッカー

出典：『読書がさらに楽しくなるブッククラブ』159ページより。

の時間のミニ・レッスンに非常に重要な「ネタ」になります。先生が教える話し合い方のミニ・レッスンは、従来の国語の授業のなかの「話し合い活動」の教授みたいなもので、あんまり実りはないと思いますが、子どもの振り返り（要するに、体験したことのなかからの気づき）をミニ・レッスンに使うということが「コツ」ということになります。[26]

ここで、『ギヴァー』のブッククラブ

(26)『読書がさらに楽しくなるブッククラブ』の一四四～一四六ページ。なお、紙幅の関係上、ここではミニ・レッスン（焦点を絞った指導）のみの紹介に限定しました。

表4－3　話し合いの方法

- 話している人の目を見る
- 話をきらさない
- 相手の意見を受け入れる
- 全員が納得できるようにする
- 班の中で聞こえる声で話す
- 相手の話を最後まで聞く
- 確認をとる

- 人の話に反応する
- 関係のないことを話さない
- 参加する
- 少数意見を大切にする
- ふんいきをよくする
- 人の意見にもんくを言わない
- だれかが話しているときにじゃましない
- 〃　〃　遊ばない

- 人の意見を否認（ひにん）しない
- ひとつの意見を徹底的に深く話し合う
- 自分の意見をゆう先しない
- 積極的に意見を言う
- 自分だけで進めない
- メモする。記録する
- 時間の管理をする

価値ある話をする

出典：『読書がさらに楽しくなるブッククラブ』146ページ。

に参加したメンバーの紹介文を紹介しておきましょう。

この本の舞台は、一見平和で素晴らしく見えるけど、全ての行動が法律で決まっている〝コミュニティ〟と呼ばれる世界。このコミュニティの世界に住む人々は、一二歳になると、委員会というところから、一人一人職業が任命される。自分で職業を選ぶことなどできないのだ。

そして、主人公ジョーナスが一二歳になり、〝一二歳の儀式〟を迎える。ジョーナスの職業やいかに!!!

もう一つ、〝リリース〟という言葉がある。ヘリコプターの操縦を間違え、ヘリを反対に動かしてしまい、あわてて戻って行ったパイロット。そのパイロットには〝リリース〟という運命が待っている。〝リリース〟とは何か?? それは読んでからのお楽しみ♪

この本のテーマ……それは「愛」や「平和」「幸せ」などなど……その他たくさんある。自分はコミュニティのような世界と今住んでいるこの世界、どっちがいいんだろう? 今の地球について、よく考えさせられる本です。是非、読んでみてください!! 超オススメです! (H・Mさん、一二歳)[27]

実験とシミュレーション

実験とシミュレーション[28]は、生徒同士のやり取りと探究を可能にするので協働学習には理想的と言えます。実験は、理科の授業のなかでもっともよく見られますが、芸術や体育、そして家庭科でも使うことができます。

理科の授業で生徒たちは、「既知の科学的な概念を検証したり、調査のための質問を投げかけ、調査方法を思い描き、そして自然現象のモデルをつくったりして多様な実験活動に参加し」（参考文献89参照）なければなりません。これらの活動に、責任の移行モデルの枠組みを使って参加することは、生徒たちにとっても内容理解に大いに役立ちます。

実験で学んだ電気のことを応用しようとしているジャスティン・ミラー先生が教える理科の授

---

(27)　他のメンバーの紹介文は、「新評論、ギヴァー、東京との四人の小学校六年生」で検索すると見られます。世の中は依然として読書感想文ばかりを子どもに書かせていますが、誰にとってもより好ましいのは紹介文です。また、甲斐崎先生のブッククラブの報告（四回）も、「ギヴァーの会、ギヴァー、小六のブッククラブ」で検索すると読めます。さらに、別の先生が行ったブッククラブの授業をテープに取り、それを起こした記録もありますので、読んでみたい方は pro.workshop@gmail.com にメールをください。

(28)　ロールプレイもこのシミュレーションに含まれます。一六六〜一六八ページの説明を読むと、同じものと解釈できます。

業の例を考えてみましょう。各実験のグループには、レモン、ジャガイモ、グレープフルーツ、トマト、オレンジなどといったいくつかの果物と野菜、[29]光沢のある一セント銅貨、亜鉛でメッキしたネジ、ワニ口クリップ付きの電線、定格電圧が低い発光ダイオード（ＬＥＤ）、マルチメーター[30]が配られました。

ＬＥＤに電気が点いたら、マルチメーターでつくりだされた電気量を測定します。したがって、課題は二つとなります。一つは、与えられたものを使って電気をつくりだすことです。[31]そして二つ目は、どのように接続したときにもっとも電気をつくりだすか、となります。各生徒は、自分なりの仮説を立てて、それをグループでテストします。

ミラー先生は、実験を管理するだけのために教室内を歩き回っていたわけではありません。この時間は「教師がガイドする指導」を提供し、生徒の思考をより高いレベルに押し上げるためには最適だと考えていました。

彼はまず、形成的評価の結果において、電気回路や伝導体という概念を理解するのに苦しんでいた生徒たちで構成される四人組のグループの所に行きました。そして、「DK Eyewitness Booksシリーズ」の一冊である『電気』（参考文献78参照）を渡し、その二二一ページに描かれているイラスト（電気回路や伝導体も描かれている）を紹介しました。

近くの別のグループは、一セント銅貨をレモンの端に、亜鉛でメッキしたネジをレモンの反対の端に差し込みました。そして、一セント銅貨とネジを配線でつなぎ、ＬＥＤを点けました。それを見たミラー先生は、そのグループのメンバーに対して、「明るさを強くできるか試してみるように」と言いました。また、メンバー全員に対して、自らの「科学者ノート」[32]に、なぜ点いたのかについて説明をしなければならないことも告げました。アンドリューという生徒は、自分の「科学者ノート」に次のように書きました。

ネジがレモンのクエン酸と接したときに、酸化と還元の二つの化学反応を起こしました。[33]

---

(29)　電子機器などを使用する際、安定して使用できる電圧の上限のことです。

(30)　電圧・電流などの量・値を、複数の機能を切り替えて測定・計測できる機器のことで、「回路計」ないし「テスター」とも言います。

(31)　イオン化傾向の違う金属を二種類使うことで「化学電池」になります。銅と鉄、銅とマグネシウムなどでも可能です

(32)　元々は「作家ノート」が出発点でした。ライティング・ワークショップ＝作家の時間を実践する先生たちが、作家やジャーナリストやノンフィクションライターや詩人たちがしているのと同じように、子どもたちに四六時中持参できるノートを渡したのです。子どもたちはそこに題材や下書きを書き留め、授業中でないときも書く習慣がつくようになりました。これを応用した「読書ノート」「数学者ノート」などの実践が日本にもあります。

実験と同様、学んだことを確実に応用するためにシミュレーションも使われます（参考文献1参照）。シミュレーションは、社会科、国語、そして原因と結果について学ぶときなどに使われています。以下の五つの要素を満たしていたら、その活動はシミュレーションと言うことができます。(34)

・それ自体は本当にあるものではないが、本物を真似てつくられている。
・数学的あるいはルールに基づいたモデルを含んでいる。
・時間が連続している。
・あなたがいまいる所は、あなたが過去にしたことの結果である。
・あなたの未来は、あなたの選択次第である。

一方、ジャニス・フィンク先生が行う政治の授業では、市議会や連邦議会の投票などといったシミュレーションがよく行われています。そのうちの一コマは、生徒たちにとっても身近な高速道路で行われるドラッグレースについてのシナリオでした。(35)

先生は、ドラッグレースについての新聞記事、このテーマについての風刺漫画、これに関連する交通規則、犯罪となっているドラッグレース見学に関する規則の改正案を生徒たちに配りました。早速、生徒たちは熱のこもったやり取りを開始しました。そのとき、先生は生徒たちの会話を止めて、市議会での話し合いのプロセスについて思いだすように促しました。

そして生徒たちに、市長、議員、地域住民、ドラッグレースで死亡した若者の両親、地元の事業主、ドラッグレースの見物人、三人の有名なドラッグ・レーサー、警察官といった役割を生徒たちに割り当てました。その役割をふまえて市議会でのやり取りをすれば、どのような方向に話し合いが進んでもよいと、フィンク先生は言っています。生徒たちは、自らが担当する役割で改正案についての考えを共有しあい、それに対する反応やコメントを出しあいました。

その間、フィンク先生は、自分の主張をより鮮明にしたがっている生徒たちに会って、必要な手助けをしています。彼女は、市長と議員役の生徒たちとも会って、話し合いを進める際の彼らの役割について、短い時間で「教師がガイドする指導」も行いました。数日間にわたる「焦点を絞った指導」「教師がガイドする指導」、そして「協働学習」によって、生徒たちにはシミュレー

(33)「くだもの電池」の場合、金属とレモンの間で電子のやり取りが行われます。電子のやり取りが行われる場合も「酸化還元反応」と言います。
(34)これは、Simulations International (www.simulationsintl.com) によって提示されました。
(35)（Drag race）直線コース上で停止状態から発進し、ゴールまでの時間を競うモータースポーツです。通常はレース専用コースで行われますが、若者たちは冒険心を高めるため（?）に高速道路や一般道路を使って行っています。もちろん、法律違反です。「drag racing on freeway」や「street racing」で検索すると動画が見られます。違反であるものほど若者たちにとって魅力的なのは、いつの時代も変わらないのかもしれません。

ションをするだけの準備が整いました。

ジャニーが口火を切りました。

「市長および市会議員のみなさん、私はドラッグレースを見ることを犯罪にするなんて信じられません。それを見たい私のような人は、いったいどうすればいいのですか？　こういうことは、どこで線引きが行われるのでしょうか？　誰かの家が強盗に遭うのを見ることは犯罪なのでしょうか？　誰かが停止信号や信号を無視するのを見るのは犯罪なのでしょうか？　そして、この規則は誰が執行するのでしょうか？」

次に話したのはマーヴィンです。彼の役割は地元の事業主です。

「私はドラッグレースが好きです。なので、どんな規則がつくられようが私には関係ありません」

フィンク先生はすぐにやり取りを止めて、生徒全員に、自分の役割に忠実に従う必要があることを告げました。そして、マーヴィンに対しては次のように尋ねました。

「あなたは、どのような事業主の立場を代弁するつもりで発言したのですか？　考えてみてください。事業主のなかには、あなたが言ったことに共感する人もいるかもしれませんが、反対する人もいます。自分がどんな立場を代弁しているのかを紹介するところからもう一度やり直したほうがいいかもしれません。それが分かれば、あなたがなぜそのように言うのかについて、その背景を理解することができます」

政治家が市民と対話する集会で、たくさんの意見が表明され、異議が申し立てられ、多様な視点が提示されました。フィンク先生は、授業の構成と準備をしっかり行っていたので、生徒たちにはシミュレーションの準備ができていることが分かっていました。

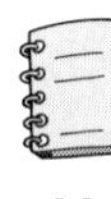

協働学習の間に行われる「教師がガイドする指導」

形成的評価のデータを集めながら指導の仕方を修正するということは、教師が建設的な協働学習の過程に積極的にかかわっていることを意味します。もっとも一般的なかかわり方は、理解を確認する目的で話し合いに自らが参加することです。

グループで話し合いが行き詰まってしまったり、概念についての理解が部分的だったりしたときは、教師は一時的に責任をとって、第3章で紹介した「教師がガイドする指導」を行います。(36)教師は質問をしたり、ヒントを与えたりすることで生徒たちの背景知識を活性化したり、物事の進め方を思いださせたり、過去に利用したことのある問題解決のために、いくつかの選択肢のなかから最適となるものを選ぶという手法を使ったりします。

協働学習においては間違いを誘発したいので、あえて課題の複雑度は高められます。そう、あえて生徒たちに間違いをしてほしいのです。何と言っても、間違いほど学びを引きだしてくれるものはありません。認知科学では、これを「生産的な失敗」と呼んでいます（参考文献61参照）。

間違いは、形成的評価の情報を集める一環として、「教師がガイドする指導」を短い時間で提供することに教師の役割を転換します。指導を提供したあとに教師は、各グループの話し合いに耳を傾け、理解を確認し、まだ理解できていなかったり、問題解決の方法が見つからなかったりする場合は個別にサポートをします。

いつ、各グループの話し合いに耳を傾けたらいいのかという点については、かなり微妙となります。あまり早く行って、何をすることが求められているのかを考えている各グループのプロセスを妨害してはいけません。しかしながら、私たちは停止してしまっている生徒たちもこれまでに多く見てきています。そんなときには、生徒たちの責任を一時的に引き取って、背景的な知識、すでに学んでいるやり方、インフォーマルな問題解決法を思いだせるように質問をしたり、ヒントを与えたりします。

この段階の生徒たちは、すでに学んだスキルや概念を忘れやすい状態にあるということを覚えておいてください。彼らは、自分たちがすべきことに関してまだエキスパート（専門家）にはなっていないのです。パターンを認識したり、次のステップを思い描いたり、概念を全体像として捉えたりすることができず、情報をバラバラに捉えている段階なのです（参考文献10参照）。

このような状況では、「教師がガイドする指導」が生徒たちを再び前に進めるために役立ちます。教師のサポートによって、生徒たちは課題に取り組みはじめたときよりも多くの理解を得ることになります。

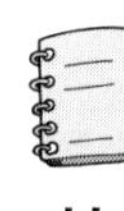

協働学習の間に行われる形成的評価

責任の移行モデルのすべての段階で、生徒の理解を確かめることはとても重要です（参考文献

---

(36)（Background knowledge）あるテーマを理解しようとする際、テーマに関連する背景となる知識の量のあるなしが大きく左右することになります。したがって、何か新しいことを理解しようとしてもらう場合に教師がまずできることは、子どもたちの背景知識／予備知識を把握することです。それらを使うことによって、理解を促進させることができます。すべての教科で、背景知識を増やすよい方法は、フィクションや歴史的な物語を含む、内容のある絵本の読み聞かせです。

31参照)。しかしながら、これをすることは協働学習の段階においては困難を伴います。というのも、教師がいない所でたくさんの活動が展開しているからです。形成的評価の情報を収集するためのカギとなるのは、グループ活動のなかに個人の責任を組み込むことです[37]。

ネルソン先生のクラスの生徒たちは、発展的な調査の質問を選び、それに関するレポートを書きました。一方、トラン先生の幾何の授業で生徒たちは、各グループのメンバーの参加度合いを測る方法を踏まえながら、協働してポスターをつくりました。

以下に示すのは、協働学習のなかで行われる形成的評価を計画する際に指針となる質問です[38](参考文献42参照)。

・将来的な指導の決断を下すために必要な証拠は何か?
・フォローアップとして行う「教師がガイドする指導」にとって、どのような証拠がもっとも役に立つのか?
・この評価は、生徒に意味のあるフィードバックを提供するのか?
・グループ全員が、意味のある形でこの評価に取り組めるのか?
・もしそうでないなら、生徒たちのニーズを満たすために、評価をどのように修正することができるだろうか?

グループ活動のなかで、生徒たちは自分がすでに知っていることを一時的に忘れることがあります。それは、新しいことを学ぼうとするほうに焦点を合わせているからです。初心者は、パターンを認識することも、問題を解決するために自分がもっている資源を使いこなすことも、まだうまくできません。それらこそが、協働学習の段階で求めていることなのです。なぜなら、理解を強固にすることが目的だからです。生徒たちが、まだ知っていることを思い出さなければいけない状態だと判断したときは、「教師がガイドする指導」に戻ってください。

まとめ

協働学習は、生徒の学びにとって重要な架け橋を提供します。なぜなら、まだ初心者の学び手にとっては、協働学習が新しい概念やスキルについて考えるために磨きをかける機会を提供するからです。このような状況における話し言葉によるやり取りは、課題を達成するために社会的・

(37)　一二六ページを参照してください。
(38)　評価とは、生徒たちの出来不出来を測る物差しではなく、あくまでも生徒たちの学びをサポートするためのものであり、教師の指導を修正・改善するための評価です。ここには、そういう質問しか含まれていません。

学問的な言葉を使いこなすことが求められるのでとくに有益となります。

個人の責任に焦点を当てることは、グループ活動を成功させるために欠かせないことです。それは、一部の生徒が不当な負担を強いられたと思わないようにするためにも必要です。さらに、各グループのメンバー構成も成功には欠かせないこととなります。

時には、生徒たち自身がメンバーを選んだり、興味や関心でグループを構成してもいいのですが、ほとんどの場合は異質なメンバーで構成されることが望ましいです。そうすることで、グループ内で共有できるリソース（資質や資源）が少なくなり、惨めな思いをさせないですみます[39]。このことは、出来のいい生徒／成績のいい生徒にとっても大切となります。なぜなら、そういう生徒たちが自分の助けをあまり必要としないようだと受け止めてしまうと、積極的に協力をしないからです。

---

(39) 同質なメンバーで構成されたグループでは、お互いがもっているリソースが似ているので、グループ内で共有できるリソースが少なくなってしまいます。

第5章 個別学習——教えられたことを応用する

ある意味で、すべての学びは「個別」なものと言えます。学び手のモチベーション（動機）、興味関心、学ぶ力といったものが、順調に学び続けられるかどうかといった違いをつくりだします。しかしながら、ほとんどの責任が教師にある「焦点を絞った指導」の間は、学び手（生徒）はパートナーでしかありません。

徐々に責任が生徒サイドに移行するに従って、自己主導の割合は増していきます。それゆえ、個別学習の段階では、スキルや思考の習慣を学び手がもっとも表現することになります。[1] 前章で述べたように、協働学習のなかでクラスメイトとの間で理解を強固にしておくことが生徒たちには求められています。本章では、「応用の役割」に焦点を絞って説明していきます。

（1）すでに生徒が身につけているスキルや考え方の習慣を活用する段階、ということです。

応用においては、意図的な練習、つまり一人で作業をし、考える時間が必要となります。ある研究チームが指摘しているように、一人で行う真剣な取り組み（彼らは「孤独な練習」と呼んでいます）こそが、エキスパートレベルのパフォーマンスを予測するもっとも確実な要素なのです（参考文献30参照）。

この研究チームと同じく、ジャーナリストのマルコム・グラッドウェル（Malcolm Gladwell）も、専門性を身につけるには一万時間にわたる意図的な練習が必要だとしています（参考文献47参照）。この一万時間というのは、生徒の内容面での知識発達を考えたとき、教師と学校にとって重要な意義があります。個別学習における最大の誤解は、最終的な目標は生徒が教えられたことを再現することだ、というものです。しかしながら、個別学習はそれよりもはるかに複雑なのです。「焦点を絞った指導」からはじまっている何かを理解しようとするプロセスは継続しています。もがくという行為は、学びには欠かせないのです。

生徒が個別学習に至った段階で、理由は定かでなくとも、いつの間にか押さえるべきことを押さえてしまっている状態は、目標を高く掲げていないことを意味します。第4章で「生産的な失敗」（一七〇ページ参照）について論じましたが（参考文献61参照）、間違いから学ぶというプロセスは個別学習の段階でも続きます。ある研究者は、この点を音楽教師の経験を例に挙げながら説明しています（参考文献28参照）。

クラス内のある生徒が、ピアノを弾くときの指の動かし方を解き明かそうとしていました。音楽の教師は、生徒のそばに立ってそれを見ています。何度か試して成功しなかったあとに、教師のほうを見て言いました。

「もし、あなたがいい先生なら、どうしたらよいかを教えてくれているはずです」

するとすぐに、とても明敏で熟達した私の院生でもある音楽教師が次のように答えました。

「もちろんです。でも私は、とても優れた教師なので、あなた自身が見つけだすまでもう少し待つことにします」

もちろん、彼女には生徒が自分で見つけだせるという確信があったので、このように言ったわけです。実際、しばらく試すことで生徒は見つけ出しています。

この経験から、自分の教師は厳しいということ以外に、生徒が何を学んだかを考えてみてください。何よりも、この生徒は自分で見つけだせるということに気づきました。混乱していろいろ試したことが、求めていた方法を見つけだすのに役立ったのです。その過程で犯したたくさんの間違いは、求めていた方法に関する記憶を強めることにもなりました。

---

(2)　四四～四七ページ、および第6章に掲載される**図6－1**や**図6－2**で見るように、本書で指導計画を立てるときには三つの目的を設定しています。そのうちの一つが「内容面」の目的で、残り二つは「言語面」と「社会面」の目的となります。

この事例は、個別学習の大切な要点を教えてくれています。その要点とは、生徒のこれまでの学びが、彼自身で見いだすだけの準備がすでにできているという確信を音楽教師がもっていたということです。

第5章では、個別学習とは何かを検討し、それを効果的に行うために必要な条件やスキルについて紹介していきます。最初に、メタ認知と自己調整を発達させながら、生徒がどのように学んだらいいのかを教えることの必要性について考察します。次に、学校の内外における個別学習の課題について考えていきます。その際、とくに宿題とブレンディッド・ラーニング(3)に注目します。

そして最後に、個別学習の間における教師の重要な役割について検討します。それは、課題を出す以上のものがあり、形成的評価が教師の重要な役割を果たすためのカギを握っていることが分かります。

個別学習の特徴

「すべての子どもは学ぶことができる」という言い回しを、私たちは何千回も聞いたことがあります。実のところ、この格言は個別学習を推し進めるための部分的な説明でしかありません。もちろん、すべての生徒は潜在的に学ぶ力をもっています。でも、学ぶ能力についてはどうでしょうか？　能力はスキルの上に築かれるものです。生徒は自分自身の思考をどのように考えたらいいのか（メタ認知）や、学んだことに基づいてどのように行動したらいいのか（自己調整）についても教えられる必要があります。

メタ認知

自らの考えというものに気づきはじめるのは、学校に通いはじめる時期（四歳前後）[4]です。その意識は、就学期間中を通して意図的に育てていく必要があります。メタ認知とは、学習者自身の学びのプロセス、自分が一番学びやすい条件、実際に学びが起こったということを意識的に認識することです（参考文献40参照）。これは生涯にわたって続く現象ですので、数回のレッスンで

（３）（blended learning）eラーニングによる個別学習と座学による集合学習を組み合わせ（ブレンド）、双方のデメリットを補い合いながら両方のメリットをいかして効果的な学習を行う方法のことです。反転授業もこの形態の一つで、動画教材やオンライン教材を用いて自宅で講義内容を予習してから学校での演習に参加することにより、深く学ぶという学習方法です。

（４）アメリカの場合は、学校のなかに幼稚園の一年間も含んでいます。

教えられるようなものではありません。教師は、繰り返しこのテーマを扱う必要があります。

責任の移行モデルはメタ認知の成長をサポートします。その理由は、学びが起こったのか、どんな状況で起こったのかということについて、認識する機会が繰り返し提供されるからです。この認識を育む行為は、「焦点を絞った指導」のなかではじまります。それが顕著に表れるのは、教師が（自分の頭の中でどのように考え、そして意思決定をしているのかに注意を促す）考え聞かせをしてみせるときです。さらに、次の段階となる「教師がガイドする指導」のなかでは、何はすでに知っていて、何は知らないのかを明確にするように促す形で行われます。

そして、「協働学習」の段階では、生徒は自分の考えを説明したり、自分の主張を正当化したり、ほかのメンバーの考えを聞いたりすることによってメタ認知についてより多くの責任をもつようになります。その結果、メタ認知的思考ができるようになるのです。

個別学習における生徒の目標は、自らの思考プロセスについて理解することです。(5) ある研究者は、学習者が認知の段階からメタ認知の段階に移行するための四つの質問を提示しています（参考文献3参照）。教師は、これらの質問を授業の初めに掲示し、授業や活動を展開する過程で質問への答えを書きださせることができます。(6) 生徒たちに協働学習や個別学習のなかで四つの質問を意識させることで、メタ認知的なつぶやきを育てることができるのです。

❶**自分は何を達成したいのか？**(7)――この最初の質問は、学習者が単に活動を真似して行うことから、意図する成果に方向転換させることができます。(例・「この算数の文章題は、ピクニックに来る人のうち、用意されたアップルパイで賄うことができる人数を私に見いだすように求めています」)

❷**自分はどんな方法を使えばいいのか？**――問題と目標を設定したあとのステップは、答えを見いだすためにどんな方法があるかを考えだすことになります。(例・「答えを得るには二つの方法を使う必要があります。まず、アップルパイの数と一つのパイから得られる個数を掛けます。その答えが、アップルパイが提供できる人数になります。でも次に、その全個数をピクニックにやって来る人数から引く必要があります」)

❸**自分は方法をうまく使いこなせているか？**――自分のしていることをチェックすることは、新

(5) 個別学習というと、探究的なものではなく、一〇〇マス計算やドリル学習などの盲目的にかぶりついているイメージを思い浮かべがちですが、そうではありません。一〇〇マス計算やドリル学習は機械的にこなすだけで、思考する部分はかぎりなく少ないです。

(6) メタ認知的なつぶやき、ないし独り言は、第2章で紹介した「考え聞かせ」にとても似ています。

(7) 学習の目的です。つまり、この学習によって何を得、この学習によって身についたことでどんないいことがあるのかをつかむことです。

しく学んだことを自分のものにするために大切な役割を果たします。この質問は、実際にスキルや方法を効果的に使いこなしている最中に、それがうまく使われているのかどうかを問いかけています。八つのアップルパイを切り分けることで合計六四個ができるでしょうか？　掛け算の結果は意味をなしているかの確認をする必要がありま す。掛け算をチェックする必要があります。（例・「割る前に、掛け算の結果は意味をなしているかの確認をする必要がありま

❹ほかにやれることは何だろうか？――この質問の目標は、子どもが柔軟に考え、硬直した思考で行き詰らないようにすることです。この段階では、新しいスキルや方法に焦点を当ててしまいがちとなりますので、すでに習得していて自由に使いこなせるスキルや方法を一時的ですが忘れてしまう場合があります。「ほかにやれることは何だろうか？」と問うことで、よく知っている方法に使い道があることを思いださせてくれます。（例・「これを正しくやれているか疑わしいな。確かめる確実な方法として、アップルパイと人間の図を描くという方法がある。かつて難しい文章題が出たときに図を使って解いたことがある。いまから、それを使ってみよう」）

算数・数学でも、他の教科でも、生徒たちはどのように準備したり、計画したり、方法を選択したり、自分の計画がどのように遂行されているのかについてモニターする必要があります（参考文献3参照）。このことは、生徒自身が進み具合を調整できる立場にあるため、個別学習の段階

でとくに重要となります。もちろん、粘り強く取り組むことも不可欠です。メタ認知的な思考ができる生徒は、困難を乗り越えたり、自分で考えだしたりすることができるのです。

自己調整(8)

すべての生徒が、個別学習に取り組むときに自己調整を必要とします。自己調整には、活動に取り組む際に自らの体験をメタ認知的に捉えて行動するということが含まれます。具体的には、理解できないときに文章を読み直したり、語彙がしっかりとつかめないときにほかの情報源に当たってみたり、課題をやり遂げたあとに間違いがないかを確認したりすることです。

これらのメタ認知的な行動は、課題を終わらせたり、うまくやったり、よいフィードバックをもらえたりなど学習者の目的や目標と関連しています。言い換えると、メタ認知的な意識がすべての出発点ということになります。学習者が自己調整する行動には次のようなものが含まれます。

❶時間の管理――チェックリスト（一八一～一八二ページで紹介したような四つの質問など）や

(8)　自己調整＝自己評価（点検）＋自己修正／改善、というふうに捉えることができると思います。

リマインダー（予定や計画などを思い出させるための項目）などは、自己調整能力を養うための効果的な方法となります。教師は、生徒たちを長期の個別学習プロジェクトに取り組ませるとき、恒常的なサポートの仕組みを整えます。

たとえば、小学三年生の教師は、理科の調査レポートを書かせる際に、毎日進捗状況を示すことを求めました。低学年の子どもたちは時間管理の面において問題があるので、こうした過程においてチェックポイントが提供されることは大きな助けとなります。[9]

❷**優先順位をつける**——自己調整において大事な側面となるのは、優先順位をつけることです。[10]生徒たちの多くは、どの活動は難しいのか、この活動にはどれくらいの時間がかかるのか、といったことを判断することが得意ではありません。

ある研究者は、多様な言葉のペアを一年生から七年生までの生徒たちに覚えるように提示して、そのための時間も提供しました（参考文献26参照）。低学年の生徒たちは、覚えることが難しい言葉に焦点を当てることはできませんでしたが、五～七年生たちにはできました。難しい問題やより時間がかかる問題を明らかにさせるための指示を教師が出すことによって、自己調整能力を養うためのサポートが可能になります。

❸**較正**（こうせい）[11]——個別学習中における自己調整の三番目の要素は「較正」です。学習者が適切な判断を下すために必要とされる、正しい自己評価をする能力のことです。

較正は、メタ認知と自己調整の研究における新しい領域で、生徒の現時点でのパフォーマンスと、達成したいと思っているパフォーマンスとのギャップについての認識に焦点を当てています（参考文献55参照）。ある研究者によって行われた大がかりな文献調査の結果、自己申告した期待と自己評価の二つが、教師が使えるもっとも効果的な指導法であることが分かりました（参考文献54参照）。

たとえば、生徒たちの多くは、自分が受けたテストの点数を正確に予想することができるのですが、このスキルは点数が低くなるに従って弱くなります。それは、なぜでしょうか？　正しくない情報しかもっていない生徒は過大に自信をもつ傾向がある、と文献調査をした研究者は指摘しました。換言すると、そのような生徒たちは、自分が何を知らないかについて把握できていないということです。要するに彼らは、時間をかけて考える必要がある項目に時間を費

(9)　低学年の子どもたちだけでなく、子どもたち全般、そして大人までもが、時間の管理能力については極めて乏しい現状があると思います。その原因は、計画をつくる能力や次項目の優先順位をつけるといった能力を練習する機会が欠如しているからです。
(10)　より大切なことは、「難しいか」や「時間がかかるか」よりも「より重要か」だと思います。いずれにしても、大人も優先順位をつけて取り組むという行為が苦手のようです。
(11)　(Calibration) 測定器の読みに使われますが、常用漢字の音訓表にない漢字のため「校正」も使われています。

やすことができないのです。

うまく較正できない（自己評価できない）という問題は、生徒だけでなく教師たちも抱えています。広範囲に行われた調査によると、小学校の教師は生徒たちの能力を一学年分過小評価し、逆に中学校や高校の教師は、生徒たちの能力を一学年分過大評価しているという結果が出ています（参考文献56参照）。

教室で生徒たちが精を出して課題に取り組んでいるとき、教師が自分の仕事（資料の整理やテストの点数つけ）に没頭しているという状態は決してよいことではありません。[12] 教室で個別学習に取り組むときには、自己調整能力を磨くような、メタ認知的なサポートをするべきです。教室の内外で生徒が取り組む課題に対して、教師はフィードバックという形でサポートを続けることができるのです。

学校での個別学習

学校にいる間に生徒が仕上げられる個別学習の課題はたくさんあります。その課題には、ジャーナルや作文／小論文を書くこと、読むこと、プロジェクトを計画して取り組むこと、話し合いやディーベートの準備をすること、テストやその他の評価、そして調査などが含まれます。これらの課題は、教師がしたことを再現するのではなく、生徒が内容について理解していることを示す機会を提供します。また、学校にいる間に取り組む個別の活動は、すでに知っていることを吐きださせるような思考レベルの低いものであってはいけません。(13)

「Literacy Design Collaborative（読み・書きをデザインするコラボレティブ）」（https://ldc.org/）という団体は、個別学習で生徒が知識を伸ばすための様式を開発しました。その様式は、課題をするのに必要とされるクリティカルな思考で構成されています。それには、分析、比較、評価、問題解決、原因と結果、定義、説明、進め方の順番、統合（まとめ）が含まれています。たとえば、調査を使った評価の様式は次のようになります。

＿＿＿＿（内容）についての＿＿＿＿（説明文）の調査をしたあとで、

＿＿＿＿

(12) 朝に行われている「読書の時間」にも同じことが言えます。教師がすべきことは何でしょうか？　また「サポート」には、過剰にならないように行う「間接的なサポート」（メタ認知を促す質問や考え聞かせを含めて見本を示すことなど）と「適切なフィードバック」が大切です。

(13) 単純計算や反復練習というレベルの個別学習を課すことは生徒たちに対して失礼である、と言い切っています。

（内容）について議論し、（内容）について分析する（レポートないしそれに類するもの）を書きなさい。調査で得られた証拠を、自分の立場をサポートするのに使いなさい。

小学校五年生の社会で、これを実際に使って埋めた様式は以下のとおりです。

独立戦争について、一次資料と二次資料(14)を使って調査したあとで、その当時にアメリカ側とイギリス側の視点について議論し、なぜ戦争が起こったのかという理由について分析するレポートを書きなさい。調査で得られた証拠を、自分の立場をサポートするために使いなさい。

個別学習の活動を計画する場合、教師は次のような質問を考えるとよいでしょう（参考文献44参照）。

❶どんな紙媒体とネット媒体の情報を生徒は見つける必要があるのか？——生徒たちが新しく獲得すべき内容（事実、数字、考えなど）を明らかにし、生徒たちがそれをどのようにして（検索エンジン、ウェブクエスト、個別インタビューなど使って）見いだすかも明らかにする。

❷どんな紙媒体とネット媒体の情報を生徒は使う必要があるのか？——教室の中で生徒がすでにつくりだしたり、出合ったりしたもののなかから、課題を完成するのに必要なもの（ノート、注釈、推薦図書一覧、ビデオや録音など）や、それらを適正に使いこなす方法（盗用を避けたり、引用を適切にしたりなど）を明らかにする。

❸どんな紙媒体とネット媒体の情報や成果物を生徒はつくりだす必要があるのか？——新しく学んだことを、どのような方法（デジタル・ストーリーテリング(15)、ウェブサイト、プレゼンテーション、作文やレポートなど）で示すことができるのかを明らかにする。

❹どんな紙媒体とネット媒体の情報を生徒は共有する必要があるのか？——自分たちの情報、学んだこと、つくり出したものを、不特定多数の対象とどのように共有できるのかを明らかにする（アマゾンのカスタマー・レビュー、ユーチューブ、ブログ、プレゼンテーションなど）。

---

(14)　一次資料とは他者の解釈が入らない資料で、二次資料とは他者が整理した解釈の入っている資料のことです。たとえば、社会科資料集は、絵画などを除いて二次資料で、結果的に教科書と同じく暗記の対象になります。それに対して、一次資料を楽しめるようになることこそが、本当の歴史を勉強する／歴史家になるための方法なのかもしれません。

(15)　コンピュータなどのデジタル機器を使って制作するストーリーテリングのことです。従来の、人の声に頼ったもの以外に、視覚（映像）や音楽なども活用できる利点があります。スマホ世代の若者向けかもしれません。でも、従来のシンプルな人の声だけのストーリーテリングの良さも忘れてほしくないです。

個別学習は、取り組む課題が自由ということではありません。ほかの段階と同じように、個別学習の段階も目的をもって取り組む必要があります。ここで紹介した四つの質問に教師が答えることが、生徒たちに提供する教材や指示を確実なものにします。そうすることで、生徒たちは学んだことを自ら応用することができ、次にすることを教師に尋ねる必要がなくなります。

課題がはっきりしており、教材もすぐに利用できる状態で生徒が戸惑いや行き詰まりを示したときは、生徒に個別で作業をする準備がまだできておらず、責任の移行モデルの別の段階に戻ることが有益であると教師に知らせていることになります。なお、これらの質問は、計画段階においてて役立つだけでなく、形成的評価をしたり、繰り返し教える判断をしたりする際にも使えます。

学校外での個別学習

これまでは、教室の中で起こる学びに限定して話をしてきました。しかしながら個別学習は、教師が一生懸命準備した教室だけでなく、教師がいない所でも行われます。

学校外での個別学習といえば、まず宿題が挙げられます。宿題は、学校教育がはじまったときからあるほど古いものでしょう。一方、「ブレンディッド・ラーニング」［一七九ページの注（3）

を参照］は今世紀に入ってからのものです。これほど時代の違いがあるにもかかわらず、両方とも、日々の学び方・教え方として私たちが大事にしたい「認知的」「メタ認知的」「自己調整的」なスキルがベースとなっています。

宿題

教育というテーマのなかで、宿題ほど議論が多いテーマはないでしょう。(16) 生徒たちの親は、自らが生徒のときに宿題はどうであったかということに焦点を当てて議論をします。あるいは、宿題が今現在の家庭生活にどのような影響を及ぼしているのかについて議論をしているかもしれません。教師の間でも、宿題に対する考え方は教員集団を分断していると言えます。

一方には、宿題を減らそうと努力しているにもかかわらず、宿題の量を教師の取り組みの熱心さと考える親たちによって、たくさん出すように迫られたという話をする教師がいます。他方に

---

(16)　宿題が欧米の教育界で注目の話題になっていたことを、一～三年前まで私は知りませんでした。というのも、日本では議論にさえ挙がりませんから。「あって当然！」という存在で、異論を挟む余地などあろうはずがないという空気が充満しています。しかし、その内容や量に関しては、いろいろと考える余地があると思います。誰もが、思考停止状態でそれをやり続けているのですから。

は、宿題をすることが人格形成に役立つことや学力向上に貢献していることなどを例に挙げて、自分たちの実践を正当化する教師もいます。

教育研究においては、宿題が学力に対してプラス効果のあることを示唆していますが、それは限定つきの結果であると言ったほうがいいかもしれません。小学校段階での影響は少なく、中学校段階では多少の効果が見られるぐらいです。学力向上との関連がもっとも顕著に見られたのは高校でした（参考文献17参照）。もちろん、宿題がもたらす影響は学力以外にもあります。自己調整はあらゆる学びにとって不可欠なものです。宿題は、その自己調整がもっとも求められる時間と言えるかもしれません（参考文献102参照）。

高校生は、宿題が自分たちの学びに貢献することを認めています。というのは、宿題をしっかりやっていると成績がよくなるからです。宿題はまた、小学生も含めて、「課題を完成させる」「やり遂げる」「記憶を形成する」などといったスキルの発達にも役立っています。

しかしながら、宿題が家庭生活に負の影響をもたらすこともあり得ます。研究者の一人は、成長段階、家庭生活、そして何をどう学ぶのかなどへの配慮をするように教師たちに呼びかけています（参考文献93参照）。たとえば幼児の場合、課題をベースにした宿題ではなく、時間をベースにした宿題を与えるのです。つまり、幼稚園の年長さんに、特定のワークシートを仕上げる課題ではなく、毎晩一〇分間の宿題を出すというわけです。

このような出し方は、私たちの考えに共鳴するものです。私たちは、平日の夜に宗教的あるいは地域への義務というものを抱えた生徒がたくさんいる地域で仕事をしています。そんな環境のなかで宿題を出すには工夫が必要で、その一つとして柔軟なスケジュールでやれるようにしています。

つまり、決まった日に全員がやるというよりも、何日間のうちにやればいいという形で宿題を出しているのです。どの日にやるかは、各自が決めればいいのです。こうすることで、家庭と学校の両方の期待を生徒は満足させられるだけでなく、課題をどのように計画し、こなすかという大事なスキルを求める大学やキャリアのニーズにもうまく応えていると考えています。

最大の懸念は、指導サイクルのなかであまりにも早く宿題が出されていることです。つまり、生徒たちが自らの責任が負えるようになる前に出されているということです。もし、あなたが生徒に情報やスキルを提供し、その後に足場かけをしてサポートしながら、それらを育むという観点に立てるなら、私たちと同じく「典型的な宿題は、指導サイクルのなかであまりにも早く出されている」という懸念をもつはずです。

（強調するために、私たちはあえて同じことを二度言いました。そして、さらに繰り返します！）

あるテーマを朝の八時二〇分に提示し、何のサポートもすることなく、その日の一〇～一二時間後に生徒たちが個別にできると仮定することは無理な話です。たとえば、分数を小数点に切り換えるといった新しいスキルを学びはじめているときに、最初から一人でできることを期待するというのは酷なことです。もし、あなたが宿題を出すという形で責任を生徒に早く移行しすぎると、生徒たちは次の四つのタイプに分かれてしまうことでしょう。

やり遂げる子ども——親や年上の兄弟姉妹が必要な足場を提供することで、つつがなく宿題をやってのける。

無視する子ども——(あなたには理解不能な)何らかの理由で宿題をしない。

教師を喜ばせようとする子ども——本当はどうしていいのか分からなかったり、たくさんの間違いを犯したりしても、教師を満足させるために宿題を一人で頑張ってやり遂げる。

カンニングをする子ども——ほかの子どもの宿題を写してごまかす。

執筆者の一人であるダグは、自らが生徒だったときにカンニングをしていたことを正直に認めたうえで、「カンニングをする子ども」は「教師を喜ばせようとする子ども」の性質を同時にもっていることを強調しています。ダグと彼の友だちは、長いバス通学の時間を利用して、自分が英語をし、友だちが数学をして、それを互いに写しあうという形で宿題に対処していました。

このような生徒の行動によってもたらされる結果について考えてみてください。教師は誤ったデータをつかまされてしまうことになります。そして、それが、形成的評価をするあなたの能力を著しく弱めてしまうのです。

あなたは、「やり遂げる子ども」が本当はどれだけの足場かけを必要としているのかについて把握することができません。また、「無視する子ども」の場合は判断材料がまったく提供されないので、彼らがどれだけ理解しているのかさえも分かりません。さらにあなたは、「教師を喜ばせようとする子ども」の間違いを分析することはできますが、その間違いが当人のものかどうかの判断ができないのです。その子どもは、ひょっとしたら「カンニングをする子ども」で、内容を本当に理解していない誰かのものを写しただけかもしれません。そして最後に、誰が「カンニングをする子ども」なのかがあなたには分かりません。

そこで、あなたは、毎朝、昨夜の宿題をチェックすることになります。そして、できていない子どもややってこなかった子どもに対して教え直すことになります。結果的に、これを毎朝やり続けると、宿題が間違った情報をつくり出し、それに基づいてあなたは教え直すという行為を繰り返すことになるので、立てていた指導計画からどんどん遅れることになります。

誤解のないように言うと、私たちは宿題を「毛嫌い」しているわけではありません。むしろ私たちは、宿題が貴重な学びと自己調整の機会を提供することから「価値がある」とさえ思っています。少しだけ補足すると、指導サイクルのなかで特定の目的を達成するために使われるとき、

「宿題はもっともその効果を現す」と私たちは考えています。たとえば、以下のような目的の場合です。

流暢さを高める宿題――すでに知っているスキルの練習を生徒にさせることが目的です。毎晩、一五～二〇分間読むことは、流暢さを高めるとてもよい方法と言えます。算数の計算を時間内にどれだけやれるかも、よい例となります。たとえば、一分間にどれだけたくさんの九九が言えるかをやり、自らの流暢さが練習とともに向上することが確かめられます。

繰り返し（らせん状的に）振り返る宿題――新しいスキルや概念を学ぶ際に必要とされる、すでに背景知識となっているものを呼び起こすことを目的としています。たとえば、熱伝導についての化学の単元で、すでに教えられている共有結合[17]やイオン結合[18]、そして両者の極性について焦点を当てた宿題が出される場合などです。

応用するための宿題――新しく学んだスキルを、異なる状況に応用する機会を提供することが目的です。私たちが勧める学校の英語（国語）教師は、すべての生徒に対して、劇か映画か博物館の展示を見て、授業で扱った内容との関連について書かせるという宿題を学期に一度は出しています。

拡張／発展するための宿題――二つか三つの教科で学んだ知識を深めたり、統合したりすることが目的です。私たちはこの宿題をお気に入りにしています。中学生を対象にして、英語で説得力のある文章を書くことを学んだり、理科で資源について学んだことを活用して、市役所の担当者宛に塩水脱塩工場の必要性を説くといった文章を書かせるのです。

「応用するための宿題」と「拡張するための宿題」のみが、責任の移行モデルのなかにおいて、真の意味で「個別学習」と言えることに注目してください。「流暢さを高める宿題」と「繰り返し（らせん状的に）振り返る宿題」は、クラスメイトと協働学習の形でやれたり、（足場をかけたりする形の）「教師がガイドする指導」で行うことも可能です。

目的を明確にして、宿題を出すアプローチを取ることによって、私たちは正確で、しかも達成率の高い宿題を実現することができました。私たちの学校の生徒は次のように言っています。「内容が分かっていて、他人の助けを借りる必要がないので、宿題は自分でちゃんとやれます」宿題と授業で学んでいることの関連がはっきりしていると、生徒の一人であるシャヴィハが指摘してくれました。

---

(17)　共有結合とは、原子、原子団が荷電子を共有することでより低エネルギー状態になり、結合することです。

(18)　イオン結合は、原子、原子団の間の電子移動による結合のことです。プラスとマイナス原子（団）の結合で、結合力は強いです。

「数学で、宿題が次の日に使う必要があるときは助かります。使わないと忘れてしまいますが、実際に使えると身につきやすいのです」

効果的な宿題をつくる際に役立つ質問例を**表5－1**で紹介しましたので参考にしてください。

ブレンディッド・ラーニング

各州共通の基礎スタンダード（ＣＣＳＳ）は、高校までの教育と高等教育の間に存在するスキルや概念レベルでのギャップを乗り越えるための方法を示しているかもしれませんが、生徒たちの多くは、大学で出合うことになるブレンディッド・ラーニングに必要な個別学習ができるだけの準備はできていません。すでに二〇一〇年秋の時点で、六〇〇万人の学生が少なくとも一つのオンライン（ネットで行う）コースに登録していました。これは、前年と比較して一〇パーセントもの増加でした。大学での単位取得に登録した人数の増加率は二パーセントでしたから、はるかにしのぐ上昇率であることが分かります（参考文献2参照）[19]。

いったい、どれだけの大学一年生が、非同期の学習環境をそれまでに体験しているでしょうか？　彼らは、期待されているオンラインでの学習に必要なスキルをもっているのでしょうか？

ブレンディッド・ラーニングにおける進化の起源は、教室の中で行われていた伝統的な対面式

表5－1　効果的な宿題をつくる

宿題の目的	特　徴	つくる際に問うべき質問
流暢さを高める宿題	・多様な練習の機会の提供する。 ・一つないし二つのスキルに焦点を絞る。 ・他のスキルや知識との関連で位置づけられている。	①生徒たちはスキルについて完全に理解しているか？ ②スキルをどうやればいいかではなくて、スキルを流暢にこなすことために、難度は低く抑えられているか？
繰り返し（らせん状的に）振り返る宿題	・生徒はすでに学んだスキルや知識を使う。 ・自分の理解を確認させ、自分自身の学びを振り返させる。 ・いま学んでいることを概念的に捉える。	①すでに学んだどんなスキルや知識が今後の学びや評価で重要か？ ②自分がスキルや知識をうまく使いこなせているかという、生徒のメタ認知的な気づきをどのように強化できるか？ ③すでに教えたスキルや知識のどれが、いま授業で教えようとしていることに役立つか？
応用するための宿題	・問題を解くのにスキルを使ったり、規則や原則を応用したりする。 ・すでに学んだスキルを新しい場面で使う。	①問題を解くのに、生徒はどんな規則や原則を使うのか？ ②新しい場面や状況を理解するのに必要な背景となる知識を生徒はもっているか？
発展するための宿題	・新しい理解をもたらす。 ・新しい成果物や考えをつくり出す。 ・多様なスキルや知識を使いこなす。	①課題は、新しい知識や概念をつくりだすか？ ②これまでには想像しえなかった成果物や考えを作りだせそうか？ ③課題を達成するために、生徒たちにとって必要なスキルや知識は何か？

出典　"Homework and the Gradual Release of Responsibility: Making 'Responsibility' Possible," by D. Fisher & N. Frey (p. 43). Copyright 2008 by the National Council of Teachers of English. Used with permission.

の指導においてコンピュータを使いはじめたことにあります。しかしながら、真のブレンディッド・ラーニングとは、昔ながらの教室という学習環境のなかで、より多くの電子機器を使うことではありません。その意味は、教室とデジタル環境がそれぞれの利点をいかすという理解のもとで融合することにあります。

デジタル環境には、オンラインによる学習とモバイル通信技術が含まれます。ブレンディッド・ラーニングが提供するものを最大限に利用するために生徒たちは、①対面式の学習環境でブレンディッド・ラーニングをいかすスキルを身につけ、②オンラインでの学習を並行して行う、必要があります。

デジタル環境は、個別学習の段階でよく使われています。現代の生徒たちは、デジタル機器を使うにおいて世代的な優位性があると見なされていますが、本章を通して指摘してきたように、効果的な個別学習にはメタ認知と自己調整、それに教師からのフィードバックが必要なのです。

デジタル環境での学びを最大限にするために必要とされるスキルは、対面式という指導の場で教えます。同期あるいは非同期[20]で、デジタル学習を意図的かつ系統的に使う学習体験を増やすことは生徒の知識を深めることになります。私たちが運営する高校では、一年生は三週間に一度、丸一日の野外学習を行っています。この学習は、合科的に地域社会で取り組まれ、学校内外での協働学習と個別学習が中心となっており、デジタル機器も使っています。その具体例としては次のようなものがあります。

・数学の授業で「geometer's sketchpad」[21]を使って、経度と緯度の座標を記録しながら野外学習の計画を立てます。

・地学の授業で、ＧＰＳ位置情報サービス（たとえばグーグル・アースなど）を使って、野外学習の間中、自分たちの進行先を決めます。

・統合された芸術の授業[22]における野外学習の間中、写真を撮ったり、地理情報のメタデータにジオタグ（Geotagging）します。

・英語の授業で、野外学習のあとに協働して、そのイメージをデジタル・ストーリー（たとえば「VoiceThread」[23]など）に仕上げます。

---

(19) 非同期とは、送信側と受信側のタイミングの一致（同期）を気にせずにやり取りができることです。

(20) ここで言う同期は、スカイプやチャットなど学習者間のタイミングを一致（同期）させることで、非同期とは、学習者間のタイミングの一致（同期）を気にせずに行うメールやフェイスブックなどでのやり取りと解釈できます。LINEはどちらも可能ですし、ファイスブックもメッセージ機能を使うと同期が可能です。

(21) 数学教育で使える可視化ツールの製品名です。http://www.dynamicgeometry.com/ を参照してください。

(22) 音楽、美術、演劇などの多様な芸術を統合した授業と推測されます。これらを理科や社会科と統合する動きもあるようです。

(23) 製品名です。https://voicethread.com/ を参照してください。

私たちの高校では、新入生（九年生）が取るべき多くのコースには、非同期のオンライン（たとえば俳句を、ディスカッション掲示板を使って学ぶ、学校向けSNSの「Edmodo（エドモド）」を使う、ほかにもウィキやグーグル・ドキュメントなど）での学習が含まれています。また、一〇年生になっても、対面式の授業で継続的にオンラインのツール（たとえば、ポッドキャスト、スクリーンキャスト、ビデオの制作、スクリーン・レコーダーなど）[24]を増やし続けています。

生徒たちはこれらのツールを自分のものにすることで、学校外での課題が完成できるようになります。その課題は協働学習がベースとなっており、同じ場所にいない者同士の高度なレベルの協力が必要となります。さらに私たちは、オンラインの自己評価および相互評価を使って、これらのプロジェクトをあらゆる角度から評価しています（三六〇度評価）。

一一年生になると、生徒たちは多様なリアルタイム（同期）のテクノロジーが使いこなせるようになります。それができるようになると、これまで以上に情報へのアクセスができるようになるだけでなく、意思決定も素早くできるようになります。

また、判断力を強化するために、多様な状況でリアルタイムのデータを使いこなす機会が提供されます。たとえば、統計を分析するために特定の人たちの考えや好みなどを瞬時に集計できる投票ソフトを使ったり、正規のルートではないメディア[25]に参加したりすることが含まれます。正規のルートではないメディアは、学校集会への生徒の出席率を上げるためにも使われています。

私たちの学校の一一年生は、こうしたデジタル機器を使った同時並行的に行われる会話を管理運営するという役割を担っています。

私たちはカリフォルニアで教えています。近い将来、一一年生と一二年生は、少なくとも一つのオンライン・コースを単位取得のために取ることになるでしょう。一一年生は卒業要件を満たすために取る必要があり、一二年生は、資格要件を満たしていることを前提として、各人の興味関心にあわせてオンライン・コースを取ることができます。

これらのコースは、マサチューセッツ工科大学やハーバード大学などが提供しているオープン・オンライン・コースのなかから選ぶことができます。これを選択する生徒たちは、学校のコンピュータ室か家のコンピュータのいずれかでコースを取ることになります。

一二年生は、英語の授業で自分の履歴書をデジタル機器を使って作成します。各州共通の基礎スタンダード（ＣＣＳＳ）は、情報を加工して表現するために、洗練されたレベルでデジタル機器が使いこなせることを求めています。また一二年生は、個人のホームページを作成して維持す

---

(24)　ポッドキャストは、インターネットから音声ファイルをダウンロード可能にします。スクリーンキャストは、コンピュータ・スクリーンを使って録画します。スクリーン・レコーダーは、パソコン画面上の任意のエリアを動画・静止画で保存します。

(25)　ツイッターやフェイスブックやラインなども含まれるようです。

ることになります。それは、(四年間の保健衛生分野でのインターンシップ、コミュニティー・カレッジで取ったコース、高校で取ったコース、就労やアルバイト経験、社会奉仕活動など)自らの学業面と職業面の経験が中心となります。

各人が運営するホームページを通して、大学や就職先に向けて自らをアピールします。そのホームページには、デジタル履歴書だけでなく、ブログ、短いビデオ・イントロダクション、タイムライン(自分の年表)、そして対象となる大学や企業の募集担当者にとって必要とされる情報が含まれていることになります。

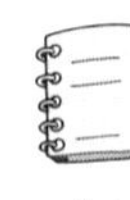

個別学習における教師の役割

生徒が個別学習に取り組んでいる間、教師の役割は生徒のパフォーマンスを継続的に観察して、フィードバックを提供することとなります。フィードバックこそが、いまいる地点から自分がいたいと思う地点とのギャップを埋めるために、生徒自らが調整可能となるものです。

フィードバックは、注意や提供するリソース(教材など)の配分に関する判断をしたり、行き詰まっている課題を乗り越えたりするときに役立ちます。残念ながら、ほとんどのフィードバッ

訳者コラム　奇跡のレッスン

「今現在のパフォーマンスに焦点を当てすぎている」ということは、NHK テレビの『奇跡のレッスン』という番組で明らかにされています。部活動を中心にスポーツの指導者は、「今、子どもがしていること」に焦点を絞った発言や指導をしてしまうことが多く、マイナスのイメージや反省点ばかりが子どもたちの頭に植え付けられてしまっているということがよく分かります。と同時に、プラスのイメージや協力して取り組むことで楽しめるようになることも忘れがちとなっています。

番組では、多くの種目のなかでゴルフとハンドボールが特にオススメとなっていました。特にハンドボールは、日本の部活動と授業がパラレルな関係にあることまで浮き彫りにしてくれています。

クはその機能を果たしていません。その理由は、次にどんなことをすべきか、あるいは何が起こってほしいかという視点を欠いている場合が多いためです。つまり、いま現在のパフォーマンスに焦点を当てすぎているのです［**訳者コラム**参照］。

個別学習は、完成の域に達したことと同義語でないことを肝に銘じておいてください。個別学習は、完成の域に達するためのプロセスなのです。同じように、成績もフィードバックではありません。成績は評価的ではありますが、さらなる学びを提供してくれるものではありません（成績をもらったあとに、修正する時間は提供されていませんから）。また、フィードバックは個別学習の間に行われるもので、個別学習のあとに行われるものではありません。

ある研究者が行った調査を見ると、フィードバックが学びを促進するために十分な役割を果たしていないことが分かります（参考文献65参照）。この調査は、二六人の中学校と高校の英語（日本の国語）教師に、フィードバックについての考えと、実際に彼らが作文指導の際に提供しているフィードバックを比較検討したものです。この研究者がその教師たちの特徴として発見したことは、次のようなことでした。

・「生徒の強みに焦点を当てたい」と言いつつも、実際には弱みや間違いに対してフィードバックを行っていた。
・「正しさよりも大切なことがよい文章にはある」と言いつつも、実際のフィードバックは言語事項に集中していた。
・ほとんどの生徒が、作文の間違いを指摘するために教師が使っている記号[26]を解読したり、理解したり、使いこなしたりできないことを認めているが、教師はそれを使い続けていた。
・「書く力をつけるためには、繰り返し修正することが大切だ[27]」と言いつつも、実際には一度しか書かせていないものに成績をつけていた。

・いま使っているフィードバックがほとんど効果を上げていないことを認めつつ、それをやり続けていた。

最後の点は単に習慣を受け入れてしまっていることを示しているので、とくに心が痛みます。教師たちは、改善するためのツールとしてのフィードバックを使うことを諦めてしまっているかのようです。多くの教師にとっては、フィードバックはある目的のために行うものではなく、単なる習慣（それも悪習？）になっているのです。

先ほどの研究者の調査に協力した教師の一人が、「生徒たちは、間違いから学ぶことはできません」（前掲文献参照）と言いつつも、教師が書き込んだフィードバックの九一パーセントが間違いを指摘するものだったのです。

(26)　とくに、中学・高校の英語／国語教師は大量の作文を読まなくてはならず、文章でのコメントを書く時間がないために、それを記号化して使いがちとなっています。その記号は教師には分かっていますが、生徒たちには使いこなせないという問題をはらんでいるということです。

(27)　さらに言えば、繰り返し修正したくなるほどのテーマを子どもたちが選べるかどうかがカギです。教師の役割として重要なことは、修正をさせることよりも、生徒たちが書きたいと思う題材を選ぶだけの能力を培うことです。これは、読む指導でも同じです。何よりも大切なのは選書能力なのですが、日本の教育の場合、選書能力も題材選び能力も見事に抜け落ちています。

フィードバックの種類

ほかのさまざまなことと同じように、生徒へのフィードバックも、ひどい形で行われるか、とても効果的に行われるかに分かれます。影響力の大きいフィードバックの研究に関する文献調査のなかで、ある研究者たちは四種類のフィードバックを紹介してくれています（参考文献53参照）。そのなかには、より効果的なものと、そうではないものがあります。

❶**課題についてのフィードバック（「矯正するためのフィードバック」とも呼ばれる）**——課題を不正確に解釈したことで生徒が間違ったときにだけ効果があります。生徒の知識が足りないときは、このフィードバックはまったく効果がありません。

❷**課題のなかのプロセスについてのフィードバック**——生徒が使っている方法を分析させるという投げかけを提供したりするので、より効果的です。第2章の「見本を示す」のなかで紹介した教師による考え聞かせと同じように、メタ認知的思考を提供します。たとえば、「この歴史的な資料がいつ書かれたのかを確認することで、その時代の政治的な動きを理解するのに役立つかもしれません」と書くことは、生徒に大きな示唆を与えます。(28)

❸**自己調整についてのフィードバック**——生徒の自己効力感（自分が学んだことはしっかり活か

すことができるという信念）を活用することになります。この種のフィードバックは、生徒の自己決定、粘り強さ、レジリエンス（回復力）などを伸ばすのでとても効果的です。

「あなたが書いたこの実験レポートからは、一生懸命取り組んだことや、学んだことが身についていることが伝わってきます」というフィードバックは、生徒が学習をコントロールしていることを伝えるのに効果があります。また、自己調整のフィードバックは、成功を指摘することに限定されません。

「あなたはまだ有糸分裂と減数分裂(29)の違いを説明するのにてこずっているようなので、試験の前にはこれをしっかりやっておいてください」というフィードバックは、生徒の弱点を明らかにしたと同時に、生徒の主体性も養っていると言えます。

❹その人自身に対するフィードバック（「よくできました！」など）――一般的な褒め言葉は、学びを改善したり、主体性を養ったり、態度を変えたりするのには役立ちません。二人の研究者がこの種のフィードバックを論文に含めたのは、その効果のなさをあえて強調したかったからです（参考文献53参照）。たとえ、それがよかれと思ってなされたときでも、個人に対するフ

(28)　あるいは、読むことの指導の際に、「あなたは読書家の技（理解のための方法）の〝関連づける〟を使って、この作品の内容を深く理解しようとしていますね！」と、教師がフィードバックしてあげることです。
(29)　七三ページの注（1）を参照してください。

ィードバックはマイナス効果しかありません。たとえば、「あなたはとても利口です！」は能力に対する固定的な見方を助長し、生徒に、能力は生まれながらのものであるという間違った考えを植えつけてしまうことになります（参考文献29参照）。

要点として覚えておくべき点は、生徒が課題をこなそうとしている間に提供されるフィードバックはメタ認知を促進するということと、生徒の行動に焦点を当てたフィードバックは自己調整と主体性という感覚を育てるということです。課題についての矯正的なフィードバックは、生徒が次のステップとしてできることに関連づけた形で提供されたとき（と同時に、知識の欠如ではなく、概念やスキルに対する誤解を指摘するのに使われたとき）のみ効果があります。個人に焦点を当てたフィードバックは、学びを促進するのには役立ちません。

フィードバックの基準

いかなる種類のフィードバックがもっとも役立つのかについて知っていることはとても大切なことですが、その効果的なフィードバックも、タイミングよく、具体的に分かりやすい形で、そして行動に移せる形で提供されないと使われることはありません（参考文献97参照）。

タイミングがよい――フィードバックは、常に取り組む課題とセットにして位置づけられるべきです。私たちはみな、課題を提出してから何週間もあとにフィードバックを提供されたという経験をもっています。メタ認知や自己調整を助けたかもしれないフィードバックも、時間があまりにもかかってしまうとその効力を失ってしまいます。生徒がまだそれを学んでいる最中に、フィードバックは届く必要があります。

具体的――曖昧なフィードバックは、次に何をしたらいいのかという点において、生徒たちが戸惑ったり、定かでない状態に置き去りにされてしまいます。何は正しいか、何はよくできていたか、どこを改善する必要があるのか、といった具体的なフィードバックが大切です。その例として、小学校三年生のコリーンが描いた太陽系の図について、担任のエレナ・アンダース先生が行ったフィードバックを読んでみてください。

すべての惑星は正しい順番で配置されていますし、八つすべてが描かれています。私が気づいた間違いは、その大きさについてでした。金星と水星は同じ大きさになっていますが、水星はもっと小さいのです。惑星の大きさについて書いてある箇所、理科の教科書の八三ページをもう一度読み直して、再びあなたが描いた図を見てみることにしましょう。

アンダース先生の具体的なフィードバックは、あっていた部分と修正する必要がある部分の両方について、しっかりと気づかせています。

分かりやすい——フィードバックが分かりやすいか否かは、学びを大きく左右することになります。生徒が幼かったり、新しい言語を学んでいるところであったり、あるいは教師と同じだけの質の高さに関する定義をもっていない場合などは、フィードバックの意味が理解しにくいものです。

こうした状況では、ルーブリック（評価基準表）がとても役に立ちます。その際、次の二つの条件がつきます。個別学習をはじめる前にルーブリックを生徒たちと共有し、それについての話し合いが行われることと、ルーブリックがあまり特定の課題に限定したものでないことです。(30)

よくつくられたルーブリックは、いくつかの項目（要素）で質を表し（縦列）、それぞれの項目の遂行レベルを数段階で表現しています（横列）。質の欠如というのは、ある要素がまったく欠落していることではありません。

たとえば、多くのルーブリックでは、各項目の質を表すのに、それが表れる頻度を段階的に説明する言葉（常に、ときどき、決して）が使われています。頻度がある要素の質を表すことは確かですが、それが唯一の指標ではありません。質の高いレベルで物事を行うことがどんなことか理解できていない生徒に、質の低さとは何かが欠けている状態だ、と説明しても役に立ちません。

行動に移せる――最後に、フィードバックは行動に移せるものでなければなりません。すでに納得されているでしょうが、この基準こそがもっとも大切です。フィードバックは、生徒が次に何をしたらいいかを示すと同時に、修正する機会が与えられるべきです。サンディエゴにある私たちの高校の理念には、「学ぶのに遅すぎるということはない」が含まれています（参考文献39参照）。

時間は有限で、年度には終わりがありますが、私たちの理念と実践では、課題や評価は納得のいく修正や再試験で取り返しのつくものと位置づけています。

私たちの学校では、フィードバックが提供されたあとにそれを実行する時間が確保されていますので、教師たちには、授業のスケジュールをどのように組んだらいいのかについてよく考えさせることになります。そのためにも、授業をしっかり計画する時間を教師に提供することがとても大切となります。

私たちは、すべての生徒が熟達レベルの基準に達する[31]まで教え続けることにコミットしています。それは、教師が注意深く一人ひとりをいかす授業を実践しなければならないということを意

(30)　特定の課題に限定したものは、指示的になる傾向があるのでよくありません。しかし、より問題なのは、ルーブリックは教師のためにあるのではなく、生徒が次のステップに進むための指針となり、生徒たちがもっと向上したいと思える視点で書かれているのかということです。

味しています。教師なら誰もが考えたことのある、以下のような質問に答えることによってそれは可能となります。

「速いペースで学ぶことができ、発展的な学びを求めている生徒にはどう対処したらいいのか？より注目が必要な生徒たちに、学びの時間と空間を確保するにはどうしたらいいのか？」

私たちの学校では、一人ひとりをいかす授業は「協働学習」の段階でよく行われています。このとき、生徒たちのなかには「教師がガイドする指導」を受ける者もいますが、ほかの生徒たちはより高い学習目標を設定して、知識を伸ばしたり深めたりしています。

メソポタミア文明に関する六年生の社会科のスタンダードを満たしてしまったからといって、それについてもう教えることはない、ということにはなりません。たとえば、そういう生徒には、自分たちが学んだことを現代の地政学的状況と結び付けてみたらどうなるのかと考えてもらうことが可能です。

よいフィードバックによって恩恵を受けるのは生徒だけではありません。タイミングのよい、具体的で、理解ができ、実行可能なフィードバックが実践されることによって、教師は形成的な指導ができるようになります。あなたが提供するフィードバックを、自分で使いこなすデータとして解釈してみてください。そのときに重要なことは、フィードバックが生徒たちにとって効果があるのと同じく、教えるあなたにとっても効果のあるようにすることです。

個別学習の段階における形成的評価

これまで見てきた各段階では、何らかの理解を確認するための方法を使っていました。要約すると以下のようになります。

・「焦点を絞った指導」の段階では、教師は目的を設定して、生徒たちがどこに向かって学習していくのかを示し、エキスパートのように見本を示したり、考え聞かせをしたりしたうえで生徒たちの理解に目を向けました。

・「教師がガイドする指導」の段階では、教師が気づいたこと使って、質問、ヒント、指示をすることで生徒の理解に足場かけをします。

---

(31)　一人ひとりをいかす授業や教室づくりについての詳しくは、『ようこそ、一人ひとりをいかす教室へ――「違い」を力に変える学び方・教え方』をご覧ください。

・「協働学習」の段階では、生徒が学習したことをどのように統合したり、発展させたりしているのかを評価して、必要となる指導の修正を行います。

さて、個別学習の段階における教師の役割は、一人ひとりの生徒が自分で学び進めている様子を確認することです。そして、生徒の成長を確認しつつ、生徒が自分の理解を修正したり、深めたりするのに必要となるサポートを提供することです。

だからといって、すべての個別学習の活動が形成的評価として使われるわけではありません。総括的評価として成績などに使われることもあります。しかし、適切な総括的評価は、何度かの形成的評価や間違い分析を繰り返し、それらによって明らかにされたパターンに基づいて教え直されたあとに行われます。[32]

学校には形成的評価と総括的評価の両方が必要ですが、生徒の学びを常により良いものにしようとしている教師は、生徒たちのデータを指導の修正改善のために使っています。生徒たちのデータを効果的に使いこなすためには、フィードバックではなく、フィードフォワードの仕組みがあるとよいでしょう[33]（参考文献35参照）。

「思い違い」と「間違い」の違いを理解する

生徒が課題に取り組む際、不注意で何かを誤って解釈した（たとえば、重要なステップを忘れてしまった）とき、その生徒は間違いを犯しているのではなく、思い違いをしていることになります。思い違いに対処していることは、矯正的なフィードバックをあなたが与えたとき、生徒がすぐにピンと来るお馴染みの光景から分かります。

すでに見たように、矯正的なフィードバックは、すでに生徒が知識をもっているときには効果的です。一度指摘されたら、生徒は次に何をしたらよいかに気づき、教師はそれをする時間と空間を提供します。そのあとも、個別学習は計画どおりに続きます。

それに対して間違いは、調整が必要な合図となります。課題やプロセスに対して矯正的なフィードバックを与えても、生徒からポカンとした表情しか戻ってこないとき、あなたは生徒の思い違いではなく間違いに対処していることになります。

---

(32)　間違い分析については、二一九～二二一ページを参照してください。
(33)　「フィードバック」が今起こっている状態を検知し、それに対して修正するのに対して、「フィードフォワード」は前もって状況を予測し、目標を設定したり、対処法を事前に練習したりします。その分、教師の指導というか、現状認識に基づいたアドバイスなどの役割において重要性が増すことになります

生徒には、あなたが何を言っているのかさっぱり分からないのでしょう。知識の欠如か誤解が、矯正的なフィードバックでは学習を軌道に戻すことが不十分であることを物語っています。この場合は、「焦点を絞った指導」か、追加となる「教師がガイドする指導」に戻ることが必要となりますので、それを踏まえて計画を修正する必要があります。

間違いの跡をたどり、そのパターンを把握する

課題をしている最中に生徒たちが同じ質問を繰り返すので、その課題を一時的に中止しなければならなかったという経験をもっている教師が多いと思います。課題のやり方について同じ質問を四番目の子どもがしたとき、ネオンサインはすでに点滅していて、ほとんどの生徒が明確な指示を求めていることになります。

残念ながら、教師がこれほど明確な合図を確認することは稀と言えるでしょう。小学校の教師は毎日六〜七時間生徒たちとともに過ごすので、国語、理科、図工、音楽などを教えながら、誰が分数の掛け算で助けを必要としていたのかについて思いだすことは難しいです。

また、中学校や高校の教師は異なる問題を抱えています。小学校の教師に比べて教える内容の幅ははるかに狭いのですが［**訳者コラム**参照］、毎日、一五〇人かそれ以上の生徒を教えている

のです。そんなにもたくさんの生徒たちの記録を付けられるという人が存在するのでしょうか？

一つの解決策は、次ページの**表5－2**に示した「間違い分析シート」を使うことです。すでに教えた重要なスキルや概念を特定することで、間違いを犯し、それについてサポートする必要のある生徒を明らかにすることができます。

限定した間違いと広範囲の間違いを見分ける（そして、教え方に修正を施す）

間違い分析シートを使うことは、どのような指導修正が必要かを考えるときに役立ちます。**表5－2**に掲げた下書きの事例では、小グループで行う「焦点を絞った指導」や「教師がガイドする指導」を誰が必要としているのかが明らかになっています。また、いくつかの項目は生徒の名前でいっぱいになっており、特定のスキルや概念については、改めてクラス全体に教え直す必要があることを示しています。

このような広範囲の間違いは、一時間の授業のなかで表れることもありますし、数時間で表れる場合もあります。いずれの場合でも、なぜ当初の計画がうまくいかなかったのか、あるいはなぜ特定のクラスではうまくいかなかったのかということも含めて、教師は指導計画を見直す必要に迫られることになります。

表5－2　間違い分析シート

日　付：＿＿＿＿＿＿

テーマ：「私たちを支えるものは何か？」の下書き、言語事項

間違い	1時間目	2時間目	3時間目	4時間目	5時間目
文中の大文字の使用について	JC			AA	
コロンおよびセミコロンについて	JC, JT, AG, DL, TV	EC, MV, WK		AA, SK, MG, EM, BA, TS	HH, DP, MR, CH
文の終わりの句読点について	JC, AG, SL	WK, MW		AA, BA	MR
主語と動詞	JC, JT, DL, MM, SL, ST, ND	RT, VE, VD, CC		AA, MG, SC, PM, LG	DP, DE
時制の一致	DS	SJ, JM		AA, TR, PC	DE
スペリング	JC, MM	WK, RT, AG, SJ		AA, MG, BA, GL, PT, DO, DE, LR	SR, DC, MF

注）このシートは、特定の日にある作文指導を、四つの異なるクラスで同じようにした教師の記録です。自分の担任のクラスで教え続ける小学校のような状況とは異なっています。アルファベットは生徒のイニシャルです。

訳者コラム

教える内容の幅

本文に書かれていることは、一つの教科しか教えていないということです。なかには、同じ授業を複数回行うことなく「常に修正を加えている」良心的な教師もいますが、全体としてはマンネリ化をいかに脱するかが大きな課題となっています。

一方、小学校には教材研究や指導書で十分と考えている教師が多いという問題があります。「多様な子どもたちが目の前にいる」という認識があれば、一つの内容を教えるときに多様な方法を用いることになるはずですが、一つの方法で教えれば自分の責任は果たしたという感覚が浸透しています。これらの問題を打開するためにも、『ようこそ、一人ひとりをいかす教室へ』をぜひ読んでください！

間違いの跡をたどることはとても大切です。記録があることで、誰が必要なのかを思いだせずに、クラス全員に改めて教えてしまうという愚かな行為が避けられるからです。多くの生徒が何時間かの授業を経過しても成長しないとき、間違い分析が欠陥のある授業計画に留まり続けることを避けさせてくれますし、単元案を練り直す必要を提示してくれます。

まとめ

すでに指摘したように、個別学習は「何ごとも自分でやりなさい」ということではありません。生徒たちは、すでに学んだことを応用したり、自分たちの周りの世界に対して新しい質問をしたりする必要がある活動に取り組みます。そして個別学習は、生徒のメタ認知能力を高めつつ、教師に対しては追加の指導ニーズを明らかにすることに役立ちます。言い換えると、個別学習は責任の移行モデルのなかで重要な位置を占めているにもかかわらず、これまで軽視されてきたということです。『内向型人間の時代』の著者であるスーザン・ケインは次のように指摘しています。

「もし、一人になることが創造性において大切な要素なら、一人で取り組むことを好きになれるようにしたほうがよいでしょう。子どもたちが自立した学び手になれるように教えたいものです」（参考文献14参照）

各州共通の基礎スタンダード（CCSS）やブレンディッド・ラーニングなど、生徒たちは多くの要求にさらされているので、自らの体験をまとめたり、取り組む課題に優先順位をつけたり、そして実際に取り組んだりすることを学ばなければなりません。それができて初めて、私たちは（少なくとも、扱う内容のある程度については）責任の移行を達成したことになります。そうすることで生徒たちは、大学や職場、そして人生で成功するために必要となる専門性を身につけることができるようになるのです。

第６章 責任の移行モデルを実践する

もしかすると、私たちが紹介した責任の移行モデルは、すでにあなたが教室で使っている授業の設計モデルと似ているかもしれません。あるいは、とても違ったものになっているかもしれません。最終章では、責任の移行モデルを実践するにあたっての課題に焦点を当てます。とくに、「計画すること」と「モデルを生徒たちに説明する際の課題」についてです。

また、このモデルを使ったときに、同僚や管理職があなたの教室で起こっていることをどのように見るかということにも言及します。そして最後に、自分の教室で責任の移行モデルを実践する際、自分自身で問うべき重要な質問も共有することにします。

本書ではこのモデルを一連の流れとして紹介してきたわけですが、実践においては、その流れを直線的にたどるということはありません。「焦点を絞った指導」からスタートして「教師がガイドする指導」をし、そして「協働学習」を行って、「個別学習」を最後まで取っておくという必要性はまったくないのです。授業は、モデルのどの段階からはじまってもいいのです。

たとえば、探究をベースにしたプロジェクト学習において、協働学習からはじまってもいいのです。同様に、同じ授業のなかで特定の指導が複数回行われるかもしれません。それは、教師がいくつかの異なる目的を設定したことを反映して、指導の焦点を一つの概念ないしスキルからほかのものへと転換するときなどです。いずれにしても、学びは循環的で反復的なものであり、すべての授業はより大きな指導の状況のなかで行われるものであることを覚えておいてください。

一方、生徒には、新しいスキルと知識を身につける過程で、すでにもっているスキルや知識を思いだしたり、応用したり、発展させたりする必要が継続的にあります。

責任の移行モデルは、他の研究で立証済みの方法と一貫性がある[1]

私たちの教え方のモデルは、以下の三者から大きな影響を受けています。

・トムリンソンとインボウの「一人ひとりをいかす教え方」（参考文献91参照）[2]
・ウィギンズとマクタイの「理解をもたらすカリキュラム設計」（参考文献98参照）[3]
・ポーファムの「形成的評価と変革をもたらす評価」（参考文献83参照）

私たちは、これらを使って単元を開発しています。上記の教え方、カリキュラム設計、そして評価は、すべて責任の移行モデルに統合する形で利用しているのです。

一人ひとりをいかす教え方と責任の移行モデル

トムリンソンの「一人ひとりをいかす教え方」は、生徒に対してチャレンジと成功をバランスよく配置させた学習体験をつくりだすために、異なるレディネス（その時点でもっている知識や力）、興味関心、学習履歴（学習への好みのスタイルやアプローチ）を踏まえることを重視しています。本書の一〇七～一一〇ページで説明したように、これらの体験はカリキュラムの一つか、それ以上の要素（学習する内容、方法、成果物）で一人ひとりをいかすことができます。

（1）研究ではもちろんですが、いずれもすでに二〇年近くが経っているので実践でも証明済みです。

（2）この二人の本は未邦訳ですが、トムリンソンの「一人ひとりをいかす教え方」を最初に紹介した本の改訂版が『ようこそ、一人ひとりをいかす教室へ』として出版されており、来秋には続編の『一人ひとりをいかす評価（仮題）』が出版予定となっています。

（3）ポーファムの評価に関する本は、残念ながらまだ日本語に訳されていませんが、彼の本も参考にしながら書いた本に『テストだけでは測れない！——人と伸ばす「評価」とは』があります。

トムリンソンやほかの人たち（たとえば、ベンジャミン［参考文献8参照］）は、教師のなかには、一斉授業に多くの時間を割いているため、生徒たちに異なるペースで、多様なテーマに、多様な資料を使って取り組む時間を提供することができないため、一人ひとりをいかす教え方を実践することは現実的ではないと見ている人たちがいる、と指摘しています。

本書で紹介している責任の移行モデルは、一人ひとりをいかす教え方を実践に移すための私たちなりの解決法なのです。「焦点を絞った指導」でクラス全員に新しい概念を紹介し、それぞれの学年で求められるレベルの思考を経験できるようにします。そして、そのあとの「教師がガイドする指導」「協働学習」「個別学習」の段階で、一人ひとりをいかす指導が行われるのです。

教師がガイドする指導では、ニーズが似通った生徒（同質なメンバー）でグループを構成することができますが、そのあとで行う生徒が相互に学び合うピア学習では、異質なメンバーでグループを再編成することができます。また協働学習では、生徒たちは自分の興味や活動への好みでグループを選ぶことになるので、再び同質なメンバーで構成されることになります。

生徒たちは、自分が概念やスキルを身につけたことを証明するために個別に作業をします。契約(4)、カリキュラム・コンパクティング(5)、段階的活動(6)、テストなどは、生徒の学習履歴を踏まえた形で行われています。

理解をもたらすカリキュラム設計と責任の移行モデル

ウィギンズとマクタイによって開発された「理解をもたらすカリキュラム設計」（参考文献98参照）は、以下のような三つの特徴をもっています。

❶到達したい目標を明確にする。
❷設定した目標がどのくらい達成できたかを測るための評価の基準や方法を考える。
❸目標と評価を満たすための展開・流れを考える。［訳者コラム参照］

（4）　個々の生徒が、何をどのように、そしてその成果をどのように示したいのかを尊重しつつ、生徒が主体的に（必要に応じて教師のアドバイスを得ながら）自分の意思表明をする形で学ぶ方法です。生徒と教師が交わす契約の形を取るので、このような名称になっています。詳しく知りたい方は、『ようこそ、一人ひとりをいかす教室へ』の一六四〜一七一ページと、『「考える力」はこうしてつける』の第4章をご覧ください。

（5）　カリキュラム・コンパクティング（カリキュラムの圧縮）は、とても柔軟な方法で、すでに知識やスキルをもっている生徒に、より高いレベルの内容にチャレンジさせるための教え方です。詳しく知りたい方は、「curriculum compacting」で検索するか、pro.workshop@gmail.com 宛に資料請求をしてください。

（6）　段階的活動は、すべての生徒が同じ知識、理解、スキルに焦点を当てるのですが、取り組みのレベルの複雑さ、抽象度、自由度、そして自立性などをいくつかの段階で提示する方法です。『ようこそ、一人ひとりをいかす教室へ』の一五七〜一六四ページで詳しく紹介されています。

訳者コラム　理解をもたらすカリキュラム設計

『効果10倍の学びの技法』（PHP 新書）の166～172ページ（逆さまデザイン）で、『理解をもたらすカリキュラム設計』のエキスが紹介されています。通常は、前ページの❶のあとに❸の展開を考えて授業を行い、教え終わったあとで❷の評価を考えるという流れになっていますが（その時点では他の評価の方法をするのは時すでに遅しなので、伝統的なテストをする）、❸→❷の順番を❷→❸にすることで理解を格段に促進することができるという、なんかキツネにつままれたような話ですが、これがとても効果的です。ぜひ試してみてください。

よく考えてみると、このほうが当然な流れとも思えます！　それではなぜ、効果的とは言えない「教えてからテストをする」という流れに固執し続けているのでしょうか？

学習の結果、長く保持してほしい理解とは何かを決定することは、単元計画をつくる際に非常に重要となります。とくに、単元を通して本質的な質問をすることは、教師と生徒を学習の目的に集中させることになります。また、理解をもたらすカリキュラム設計に含まれるツールは、私たちが使う評価を計画することも助けてくれます。

責任の移行モデルは、理解をもたらすカリキュラム設計の三番目のステップ（目標と評価を満たすための展開・流れを考える）とうまくマッチします。責任の移行モデルにおける循環性の要素は、徐々に思考の量を生徒に移行していく学習体験を計画可能なものにするだけでなく、一人ひとりをいかすことも可能にする授業設計のプロセスを提供しています。もちろん、授業設計が、長く活用できる理解をもたらすための厳密さを欠き、また理解を確認するための形成的評価と総括的評価の枠組みを伴わないという単元計画では何の意味もありません（参考文献31参照）。

形成的評価と責任の移行モデル

いくつかの理由で、学校で評価は行われています(7)。

・生徒の学びをサポートするため
・生徒の強みと弱みを明らかにするため
・特定の指導法の効果を評価するため
・カリキュラムの効果を評価し、改善するため
・教え方を評価し、改善するため

---

(7)　このなかで、日本の評価がそれなりに押さえているのはどれでしょうか？　多くない理由は、形成的評価があまり行われていないからでしょうか？　あるいは、『マルチ能力が育む子どもの生きる力』で紹介されているような多様な能力（得意や不得意）という視点が欠けているからでしょうか？

・教育政策に役立つ情報を提供するため
・保護者とコミュニケーションを図り、かかわりを促進するため（参考文献62参照）

これらの評価目的は、三つに再編成することができます。それは、「診断的」「形成的」「総括的評価」という三つです。

診断的評価は、特定のプログラムを受ける生徒たちの強みや弱みを明らかにするために、年度の初めや単元を学習する前に行われます。[8] 一人ひとりをいかす教え方や、リーディング・ワークショップやライティング・ワークショップを実践している教師は、生徒のレディネス、興味関心、学習履歴をアンケートなどの形で把握しており、それをカリキュラムづくり、単元計画、ミニ・レッスンや焦点を絞った指導をする際に活用しています。

また、一人ひとりをいかす教え方、リーディング・ワークショップやライティング・ワークショップ、およびPBLを実践している教師は、常に「指導と（形成的）評価の一体化」を実現しながら教えています。[9] こうした教師たちは、生徒の学び方と教師の教え方を改善するための必要不可欠な手段として評価を捉えています。[10]

総括的評価は「評定」や「成績」と言い換えることができ、利害が絡むという傾向があります。また総括的評価は、生徒が学んだことのまとめとして位置づけられています。[11]

全米数学教師協会が作成している「数学を教えるための原則とスタンダード」には、次のように書かれています（参考文献71参照）。

評価は、特別の条件で生徒がどれだけ学んだことを再現できるかを見るために、指導が終わったあとに行われるテスト以上のものであるべきだ。また、教師がどのように教えたらいいかを判断するために必要な情報を提供し、生徒を導くために、評価は指導と一体になったものであるべきだ。評価は、生徒に対して行われるべきではない。むしろ評価は、学びを導き、向上させるために、生徒たちのために行われるべきである。

（8）リーディング・ワークショップとライティング・ワークショップについては、『リーディング・ワークショップ』『ライティング・ワークショップ』『読書家の時間』『作家の時間』『増補版「読む力」はこうしてつける』『理解するってどういうこと？』を参照してください。
（9）『PBL――学びの可能性をひらく授業づくり』を参照してください。
（10）『読書家の時間』の第8章「評価」、『ようこそ、一人ひとりをいかす教室へ』の二、二二、九四～九五ページ、および『PBL』の第7章を参照してください。
（11）これら三つ（診断的、形成的、総括的評価）について詳しく書かれた本が、二〇一八年夏に『一人ひとりをいかす評価（仮題）』として出版される予定ですので、関心のある方はぜひチェックしてみてください。

教師が徐々に責任を生徒たちに移行しているときは、形成的評価がとくに重要となります。なかでも教師がガイドする指導においては、生徒の学びの状況を教師がどれだけ理解しているかに左右されることになります。その状況判断によって、教師はどのようなグループを構成し、そのグループに対して何をどのように教えるのかが決定されるからです。

私たちは、形成的評価のデータを系統的に使うことが生徒の学力向上に役立つことも知っています。イギリスで活動している二人の研究者が行った二五〇本の論文と本を対象にした研究の結果では、定期的に行われる形成的評価が子どもたちの学業成績を向上させる、と結論づけています（参考文献9参照）。

ちなみに、形成的評価のデータをグループづくりのために柔軟に使っている教室では、状況に応じたプロセスが使われています。そこでは、まずは全員が教えられ、そのあとで最新の形成的評価の情報に基づいて必要に応じたグループ編成が行われ(12)、教え直しや発展的な指導が実施されています。

他の研究者が、従来の一斉授業のみのアプローチとこの形成的評価を使っての、状況に応じた柔軟なアプローチを中学校で数学を学んでいる一七〇〇人の生徒を対象にして比較調査したところ、後者のアプローチで学んでいた生徒たちがはるかによい結果を生みだしているということを発見しました（参考文献66参照）。

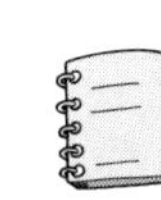

責任の移行モデルで計画する

何に焦点を当てて単元を構成するかを決めたあとは、[13] 教師は一連の授業計画づくりに入ります（二二七ページの「理解をもたらすカリキュラム設計」の❸に取り組むと捉えられます）。それをするのに役立つツールがいくつかありますが、おすすめするのは**表6－1**で紹介しているもので、私たちが使っている授業計画作成用の様式です。これには、特筆大書する価値のある、計画する際に役立つ指針となるとても大切な質問も含まれています。

一方、**表6－2**は、ブランドン・カーマイケル先生が私たちの様式を使って、中学校の社会科の生徒たちのために開発した授業計画です。様式（二三四～二三六ページ）と、それを使ってカーマイケル先生が書き出したこと（二三七～二四一ページ）を見てみましょう。

---

(12)　この点について、粗訳段階で原稿を読んでくれた協力者の一人から次のような具体例が提供されました。「たとえば、円の面積でいえば、半径や円周率などの用語が分からないチーム、小数の掛け算が課題のチーム、円や図形の組み合わせで面積を求めることに課題のあるチーム、発展的な内容に取り組むチームと捉えました」

(13)　日本の通常の教科書をベースにした単元と違って、単元およびそれらで構成されるカリキュラムの作成は教師の重要な仕事とされています。理由は、目の前にいる生徒たちに最善の学びを提供できるのは教師しかいないからです。具体的には、二二七ページに示した❶と❷がこの時点では終了していることを意味します。

表６－１　授業計画の様式

<table>
<tr><td>単元のテーマ：</td><td>目的～内容、言語、社会的：</td><td rowspan="3">教材／資料：</td></tr>
<tr><td colspan="2">扱っているスタンダード：</td></tr>
<tr><td colspan="2">本質的な質問：</td></tr>
<tr><td colspan="3">焦点を絞った指導　　「私がします」</td></tr>
<tr><td>あなたはどうやって
□授業の目的が生徒たちに明確に伝わるようにしますか？
□前に学んだことと関連づけますか？
□内容に意味を感じられ、興味がもてるようにしますか？
□見本を示したり、実演して見せたりしますか？
□生徒たちが学んでいることに気づいたり、まだ学ぶ必要があることに気づいたりしますか？
□新しい概念について多様な説明の仕方を実現しますか？
□生徒同士のやり取りをさせますか？</td><td colspan="2"></td></tr>
</table>

表6－1　授業計画の様式（続き）

教師がガイドする指導	**「私たちはします」**
あなたはどうやって □生徒たちが自分でよく考え、質問への反応をつくりだしたか知ることができますか？ □必要に応じてヒントや指示を出しますか？ □生徒たちが多様な方法と手段で反応できるようにしますか？ □生徒たちが情報を加工するのを助けますか？	
協働学習	**「あなた方は協力してします」**
あなたはどうやって □課題の複雑性を決定しますか？ □生徒たちに体験を通した学びと練習の機会を提供しますか？ □この活動のためのグループ（ペアや小グループ）を決めますか？ □協働的な活動をするのに最低限必要な言葉のサポートを確保しますか？ □生徒たちが自分の学びに対する責任をもてるようにしますか？	

表６－１　授業計画の様式（続き）

個別学習　「あなたが一人でします」	
あなたはどうやって □まだ前に進む準備ができていない生徒に介入しますか？ □誰は内容をマスターし、誰は助けが必要かを知るために、授業の最後に評価をしますか？ □さらに前に進む用意ができている生徒たちのために、発展した授業をしますか？ □概念を将来的に学ぶ授業と関連づけたり、実際にあることに応用したりするのをサポートしますか？ □生徒が自己評価する機会を提供しますか？ □生徒に自分の学びを発展させる機会を提供しますか？ □生徒が自主的に取り組む個別学習や内容をさらに深めるための学習を認めかつ支援しますか？	
評　価	
形成的	**総括的**

表6－2　カーマイケル先生の授業計画

<table>
<tr>
<td>単元のテーマ：
移住と移住の経験</td>
<td>目的～内容、言語、社会的：
内容の目標：アメリカへの移住は長年続いており、複雑であることを理解する。
言語の目標：二つの種類の文献を解釈する。①報告書（二次資料）、②イメージ（写真）、「私は……」ではじまる詩を完成させる、話し合いの内容を書きだす練習をする。
社会的な目標：公平な参加と他者の視点に対する寛容さ。</td>
<td rowspan="2">教材／資料：
教科書
コピーないしデジタルでの下記へのアクセス：
・www.ellisisland.org
・www.aiisf.org
・www.archives.gov で「immigration」で検索
・エリス島とエンジェル島の写真
・移民／移住についての詩
・児童労働の写真 https://www.archives.gov/education/lessons/hine-photos#documents</td>
</tr>
<tr>
<td colspan="2">扱っているスタンダード：
カリフォルニア州・歴史－社会科のスタンダード
・年代順・空間的思考1～生徒は主な出来事が相互にどのような関連があるかを説明できる。
・8.12～生徒は、アメリカ経済の変容と、産業革命の影響によるアメリカにおける社会的・政治的状況の変化について分析する。
各州共通基礎スタンダード（CCSS）国語／リテラシーのスタンダード
説明文を読むこと～鍵となる考えと詳細
・RI.8.1～文が明示的に主張していると思われる点と推測できる点をもっとも強く支持する証拠に言及できる。
説明文を読む～技と構成
・RI.8.4～文で使われている言葉やフレーズの意味（比喩的、内包的、技術的な意味を含めて）を見極める。たとえや他の文章に言及することを含めて、特定の言葉を使う選択が意味や文の調子に及ぼす影響を分析する。
・RI.8.5～鍵となる概念を進化させたり、洗練させたりするのに特定の文章が果たしている役割を含めて、文の中のあるパラグラフの構成を詳しく分析する。
話すことと聴くこと～理解することと協力すること
・SL.8.1～8年生に求められているテーマ、教材、課題を基に多様なパートナーと、メンバーの考えの上に築く形で、自分の考えもはっきり伝えながら、多様な協力的に行う話し合い（1対1、グループ、教師がリードするクラス全体）に効果的に参加する。
・SI.8.2～多様なメディアや形態（例えば、ビジュアルや音声）で提供されている情報の目的を分析し、プレゼンテーションの背後にある動機（例えば、社会的、商業的、政治的）を判断する。</td>
</tr>
</table>

表6－2　カーマイケル先生の授業計画（続き）

<table>
<tr><td>本質的な質問：
・移住はアメリカ経済にどのように貢献したか？
・移住者の経験はどのように似ているか？</td><td></td></tr>
<tr><td colspan="2">焦点を絞った指導　「私がします」</td></tr>
<tr><td>あなたはどうやって
□授業の目的が生徒たちに明確に伝わるようにしますか？
□前に学んだことと関連づけますか？
□内容に意味を感じられ、興味がもてるようにしますか？
□見本を示したり、実演して見せたりしますか？
□生徒たちが学んでいることに気づいたり、まだ学ぶ必要があることに気づいたりしますか？
□新しい概念について多様な説明の仕方を実現しますか？
□生徒同士のやり取りをさせますか？</td><td>・教師は生徒たちと目的を共有してから、無作為に選んだ生徒に目的を言わせて理解の度合いを確認する。移住については継続的に討論され続けていることから、この学習はとても意味があることを教師は強調する。これまでの移住に関して学習してきたことは政治と歴史だったことも述べる。
・エリス島などのホームページから、アメリカの移住とそのパターンについて読んで聞かせる。生徒たちにも、その記事（The Peopling of America, 1830-1930）のコピーを渡す。記事を２回読む。１回目は、全体を理解するために。２回目は、より深い理解と問われていることを明らかにするために。
・２回目に読むときは、教師はメタ認知的な方法である考え聞かせをモデルで示す。そのなかで、①どんな資料が移住体験をよりよく理解するのに役立つか、②東海岸、西海岸、そして南の国境（カリフォルニア、アリゾナ、そしてテキサスの３州）からアメリカに入国する移民の経験は同じか、違うかを問う。
・教師は、まずすべてのグループが使う資料を紹介して、全体像をつかんでもらった後で、個々のグループにはニーズや興味関心などにあった資料を配る。
・教師は、新しく配ったツール（写真を分析するシート）と前に使った文章を分析するワークシートとの関連を説明する。その後に、生徒たちに写真を分析させる。</td></tr>
</table>

表６－２　カーマイケル先生の授業計画（続き）

教師がガイドする指導	「私たちはします」
あなたはどうやって □生徒たちが自分でよく考え、質問への反応をつくりだしたか知れますか？ □必要に応じてヒントや指示を出しますか？ □生徒たちが多様な方法と手段で反応できるようにしますか？ □生徒たちが情報を加工するのを助けますか？	**クラス全体での教師がガイドする指導** 教師は目的を見直してから、写真の分析シートを使う。 教師は、①よく観察することと、②推測／解釈することの二つについて説明する。 **小グループでの教師がガイドする指導** グループは二つの写真をよく観察する。一つはエリス島に到着する移民たち。もう一つはエンジェル島に到着する移民たち。 1．生徒たちは、それぞれの写真に対して分析シートを埋める。 2．生徒たちは、二つの写真で似ている点と異なる点を話し合う。 3．生徒たちは、「これら二つの写真から、人々は働く用意ができている」という文章に対する反応を、それぞれの分析シートの裏側に書きだす。各メンバーは、自分たちのグループ活動の結果を報告する責任がある。 **小グループでの教師がガイドする指導** グループは、二つの資料（「Brief on Appeal」と「Angel Island Poem #32」）をよく読みこむ。 1．生徒たちは、それぞれの資料に対して分析シートを埋める。 2．生徒たちは資料のなかで、自分が大切だと思ったり、作者が状況を社会的、経済的、政治的にどのように見ているかの証拠を表していると思う言葉や文章にハイライトを付ける。 3．自分たちが話し合った五つの言葉をOHP用のシートに書き出し、報告者がクラス全体に報告できるように準備する。 **小グループでの教師がガイドする指導** 必要に応じて、教科書のような難しい２次資料の読み間違い分析を行う。 1．生徒たちは、二つの資料をよく読む。 2．生徒たちは、分からない言葉と主な考えにハイライトをつける。 3．作者が一つの考えを次のポイントのベースに使っているかを明らかにするために、生徒たちは主な考えに順番をつける。 4．パートナーと二人一組で、相互に書く形でのやり取りをする。★ **小グループでの教師がガイドする指導** 必要に応じて、前に使った資料分析シートを使って、誤解分析をする。 1．生徒たちは、教科書にある「働く子どもたち」、教科書にあるイラスト、国立古文書館の写真をよく検討する。 2．教師は、生徒たちが教科書にある資料分析をするのをサポートする。 3．生徒たちは、国立古文書館の写真を分析しながらシートを埋める。 4．生徒たちは、「私は……」の詩を完成する。★★

★　交換ジャーナルのような形で行うものと想像できます。詳しくは、『「考える力」はこうしてつける』の第６章を参照ください。

★★　なぜ、社会科の授業で詩を書かせるのか？　それは、創造性を発揮しながら、学んだことを簡潔にまとめられるからだと思われます。

表６－２　カーマイケル先生の授業計画（続き）

	協働学習　　　**「あなた方は協力してします」**
あなたはどうやって □課題の複雑性を決定しますか？ □生徒たちに体験を通した学びと練習の機会を提供しますか？ □この活動のためのグループ（ペアや小グループ）を決めますか？ □協働的な活動をするのに最低限必要な言葉のサポートを確保しますか？ □生徒たちが自分の学びの責任をもてるようにしますか？	**課題１**　各グループの一人ずつが順番に、自分たちが検討した資料か写真について一つのポイントを説明する。その後で、協働グループとして「移民たちは以下のような期待をもってアメリカに入国する」という文章を完成させる。 **課題２**　各グループの一人ずつが順番に、自分たちが検討した資料か写真について一つのポイントを説明する。その後で、生徒たちは移民の視点を表現し、移住を正当化する主題文を考える。たとえば、「移民を引きつける要因は何か？」 **課題３**　各グループの一人ずつが順番に、自分たちが検討した資料か写真について一つのポイントを説明する。その後で、生徒たちは「アメリカに人々が来る一つの理由は……」ではじまる文章の最大の理由について合意する。 **課題４**　各グループの一人ずつが順番に、自分たちが検討した資料か写真について一つのポイントを説明する。その後で、生徒たちは西海岸で入国管理官が入国を拒否する妥当な視点を反映した主題文を考える。

表6－2　カーマイケル先生の授業計画（続き）

個別学習	「あなたが一人でします」
あなたはどうやって □まだ前に進む準備ができていない生徒に介入しますか？ □誰は内容をマスターし、誰は助けが必要かを知るために、授業の最後に評価をしますか？ □さらに前に進む用意ができている生徒たちのために、発展した授業をしますか？ □概念を将来的に学ぶ授業と関連づけたり、実際にあることに応用したりするのをサポートしますか？ □生徒が自己評価する機会を提供しますか？ □生徒に自分の学びを発展させる機会を提供しますか？ □個別学習や、内容についてのより深い学習を承認しますか？	**個別課題1**　生徒は「私は……」ではじまる詩を書いて、教室から退出する。 **個別課題2**　アメリカ合衆国への移住について書かれている教科書の部分を読んで、ノート★を取る。 **個別課題3**　移住に関するさらなる情報に興味のある生徒は衛星放送の「ヒストリーチャンネル」のビデオを見て、ビデオをベースにしたクラスメイトを対象にした授業を考え、実際にやる。 自分で情報収集することに興味のない生徒は、追加の教師がガイドする指導を受ける。
評　価	
形成的 「出口チケット」★★ 移住による恩恵と課題を説明する短いレポート	**総括的** 一九世紀末の移住の効果を指摘するレポート 移住と産業革命についての試験

出典：カリフォルニア州サンタ・クラーラ郡教育事務所が開発。使用許可を得て、修正した。

★　ここで指定されているのは、コーネル（大学）式ノートです。詳しくは、http://shimoi.iuhw.ac.jp/notetaking_chap2_cornell.html　をご覧ください。

★★　69ページの注（15）を参照してください。

カーマイケル先生がつくった授業計画（**表6－2**）は、驚くほど詳細なものでした[14]。その各項目について、簡単に解説していくことにします。

単元のテーマとスタンダード——単元は、移住と移民の経験についてです。それは、アメリカ経済と産業革命に焦点を当てたカリフォルニア州の八年生のスタンダードに含まれています。この単元は、いくつかの八年生用の国語における各州共通の基礎スタンダード（ＣＣＳＳ）も統合しています。

本質的な質問——本質的な質問は、生徒に学習する概念の包括的な目的を思い出させます。この場合は、移住はアメリカ経済にどのように貢献したのか、移民の経験はどのように似ているのかについて、生徒たちは考えることを求められています。

目的——カーマイケル先生は、スタンダードを満たしながら生徒たちが成長できるように学ぶ内容を考えだしました。

焦点を絞った指導——カーマイケル先生は、三つの異なるエピソードをこのために計画しました。彼は、テキストに対する自分の考えを見本として示すために、生徒たちに読み聞かせと考え聞かせを同時に行いました。追加の情報を探すときにどうしたらよいかについても、考え聞かせの形で示します。さらに、国立公文書館がつくった文書の分析ツールを使って見本を示しました。

教師がガイドする指導――カーマイケル先生は、クラス全体を対象にした授業をほとんど行わないので、教師がガイドする指導の形をとったいくつかの授業案を計画しました。彼は、少人数のメンバーと時間を共有するほうが生徒のニーズにはマッチする形で指導できるので、より高い効果があるという結論に達しています。

しかしながら、彼の最初の授業計画はクラス全体を対象にしたものでした。その理由は、自分の調査分析をする際に使ってほしいツールを全員に理解してもらいたかったからです。少人数を対象にしたものは、生徒の思考をガイドしたり、生徒が調査している文献についてヒントや指示を出したりすることを通して足場かけをしています。

協働学習――協働学習は、教師がガイドする指導と同じ時間に行われます。したがって、カーマイケル先生は、何日間かにわたって取り組むことができる活動を計画しました。彼は、最初に取り組む協働学習は比較的容易に完成できるものがよいと思っています。そして、時間が経つ

(14)　このような授業計画を毎回の単元でつくることは、カーマイケル先生も含めてアメリカの先生たちにも不可能です。日本の教師ほどではないですが、彼らも同じように忙しいですから。最初からすべての単元でしようとは思わないでください。徐々に、やれるところから／やりたいところから、やっていくことです。毎年、一つとか二つずつやればいいのです。それが五〜六年分たまれば、全部の単元を押さえることができます。

に従って、徐々に複雑な課題に取り組むようにしています。そうすることで、生徒たちの内容に関する理解がより強固なものになります。

個別学習——繰り返しと強化をすることが、概念やスキルを長期に保持するうえでのカギとなります。そこでカーマイケル先生は、三つの個別学習を通して生徒たちがどれだけ応用できるかを確認することにしました。一つ目は、「私は」ではじまる詩を書いてもらいます。二つ目は、教科書をノートに起こしてもらいます。そして三つ目は、ビデオを見て、それをベースにクラスメイトを対象にした授業を考え、実際に行ってもらいます。これらによって、誰が概念を理解しているのか、誰には補強となる指導が必要なのかという情報を得ることができます。

形成的／総括的評価——カーマイケル先生は、指導と評価を一体化する計画を立てました。この評価のなかには、出口チケット（六九ページの注（15）を参照）、教師がガイドする指導のときの成果物、宿題、そして短いレポートが含まれています。これらは、彼が求めているよい形成的評価の基準である多様性と信憑性を提供してくれています。また、評価の多様性は、事実と年代を覚えることよりも学習の過程・歩みのほうがはるかに大切であることを生徒たちに示すことになります。

総括的評価としては、教科書についている指導書の章末テストと、本質的な質問に答えてもらうためのレポート提出が義務づけられています。

学校のリーダーが責任の移行モデルに求めるべきもの

学校や教育委員会が責任の移行モデルを各教室で実践しようとするとき、何をもって達成できているのかという基準を明らかにし、しっかりモニターすることが大切となります。そのよい結果を得るためには、先に紹介した「理解をもたらすカリキュラム設計」と同じように、到達したい目標を明確にして、設定した目標がどのくらい達成できたのかを測るための評価の基準や方法をあらかじめ明らかにしておく必要があります（参考文献98参照）。

責任の移行モデルを導入しようとする教師をサポートするために、管理職、指導主事、教科主任、そして学年主任などといった学校のリーダーが使えるルーブリックを**表６－３**として掲載しました。

表6－3　責任の以降モデルの質を測る指標

① 焦点を絞った指導				
質を測る指標	名人　4	うまい　3	うまくなりつつある　2	最低限　1
授業は、内容、言語、社会的な目的が含まれており、形成的評価に基づいて行われる。	・スタンダード、活動が求める言語ニーズ、そして評価によって導きだされた生徒のニーズなどをベースにしながら、内容、言語、社会的な目的を通して授業は行われる。	・目的は、形成的評価で把握した生徒たちのニーズには対処しているが、内容のスタンダードや活動の言語の要求とはあまり関連づけられていない。	・一つの目的しか提示されていないか、目的が生徒たちと関連づけられていない。何らかの評価は授業計画に使われた形跡がある。	・内容と言語の目的は提示も、暗示もされていない。授業を計画する際に形成的評価を使った形跡もない。
生徒は自分の言葉で目的（自分たちは何を学んでいるのか、学んだことをどのように示せばいいのか、なぜこの授業を学ぶ必要があるのか）を説明できる。	・無作為に選ばれた生徒が、明示された目的が自分自身の学んでいることとどう関係があるのかを説明できる。	・生徒は授業の目的を正確に言い直せるが、内容をなぜ教えられるのかという明確な理解に欠ける。	・生徒は授業の目的の一部を言い直すことができるが、内容をなぜ教えられるのかという明確な理解に欠ける。	・生徒たちは授業の目的を正確に言うことができない。
教師は、生徒の反応を観察しながら、本物のモデルや実演をしてみせる。	・モデルで示すことは、課題や方法を名づけること、使われたときは説明すること、新しい学びと関連づけるためにたとえを使うことが含まれる。 ・教師が課題や方法を演じてみせる。間違いを避けるために（事前に、焦点を絞った指導の段階で）注意を喚	・モデルにはすべての要素（名づけること、説明すること、たとえを使うこと、演じてみせること、間違いを避けること、確認すること）が含まれているが、教師はあまり「私は……」の文章を使わない。 ・メタ認知は限定的。	・モデルにはいくつかの要素（名づけること、説明することなど）が含まれるが、教師は「あなたは……」の文章を使って生徒たちに指示を出している。 ・生徒の理解を深めるために、メタ認知的な文章も使わない。	・モデルにはほんのわずかの要素が含まれている。教師は「あなたは……」や「私たちは……」の文章を使って、思考にではなく、プロセスに焦点を当てている。 ・生徒の反応は無視されている。

	起する。正確にやるのを確認するためにどう応用したらいいか見せる。 ・モデルで示すときは、常に「私は……」の文章とメタ認知的な例を使う。 ・教師は生徒がどのように反応するかを観察し、その反応に対処する。	・教師は生徒がどのように反応するかを観察するが、その反応に対処しない。	・教師は生徒がどのように反応するかを観察しない。	
② 教師がガイドする指導				
質を測る指標	**名人　4**	**うまい　3**	**うまくなりつつある　2**	**最低限　1**
教師は、質問、ヒント、を使って、生徒を助けるために足場をかけている。	・教師は質問をする。不明確な点は正す。答えが間違っているときは、ヒントを出して前に学んだことを思いださせる。もし、答えがそれでも間違っていたら、教え直す行動をとる前に指示を出す。	・教師は質問をする。不明確な点は正す。答えが間違っているときは、ヒントを出して前に学んだことを思いださせる。	・教師は質問をする。答えが正しいときは、不明確な点は正す。（たとえば、どうしてそう思うの？　どうして分かったの？）しかし、答えが間違っていたときは、直接説明をしてしまう。	・教師は質問をする。生徒が間違った答えをすると、答えを提供してしまうか、次の生徒に答えさせる。
教師は一人ひとりをいかす教え方と形成的評価をベースにした実践をしている。	・グループの構成は柔軟で、日々の授業の形成的評価に基づいている。 ・生徒は指導で提供された情報を応用することができる。 ・生徒のニーズないし生徒の選択によって取り組む課題は異なる。	・グループの構成は柔軟で、週単位の授業の形成的評価に基づいている。 ・生徒は、最初の指導で提供された情報を応用し、教師はそれをサポートする。	・グループの構成は最近行われた形成的評価に基づいているが、常に固定されている。 ・課題は授業で提示されたのに似ている。	・グループの構成は固定されており、古い情報に基づいている。 ・課題はすべてのグループが同じで、一人ひとりがいきる教え方はされていない。

表6－3　責任の以降モデルの質を測る指標（続き）

③協働学習				
質を測る指標	名人　4	うまい　3	うまくなりつつある　2	最低限　1
与えられた課題は、設定された目的を正確に反映している。	・生徒が取り組むすべての課題は、設定された目的を反映している。	・生徒が取り組むほとんどの課題は、設定された目的を反映している。	・生徒が取り組むいくつかの課題は、設定された目的を反映している。	・生徒たちが取り組む課題は、設定された目的とは一致していない。
生徒はモデルで示された方法やスキルを使っている。	・十分な時間をかけて足場かけを目的としたサポートを受けたあとで、すべての生徒が見本で示された方法やスキルを使って課題を完了することができる。	・限定された時間で足場かけを目的としたサポートを受けたあとで、ほとんどの生徒が見本で示された方法やスキルを使って課題を完了することができる。	・教師のサポートをほとんど受けることなく、生徒たちはすぐに個別学習に進む。	・見本で示されたことと、生徒たちが取り組むように指示されたものには食い違いがある。
課題には適切な複雑性がある。学年レベルにふさわしい概念の新しい状況下における応用を可能にしている。また、成果物を必ずしもつくりだせることが約束されているわけではない（意味のある失敗をするチャンスが提供されている）。	・課題は目的を反映しており、生徒には多様な資料を創造的に使い、自分の知識を伸ばす機会が提供されている。 ・生徒は概念を試す機会が提供されている。 ・提供されている活動と結果責任がマッチしている。	・活動は、すでにもっている知識を応用する機会を生徒たちに提供する。成果物はほとんど約束されている。 ・提供されている活動と結果責任がマッチしている。	・課題は、ある程度は授業の目的を反映しているが、生徒は試したり、つくりだしたりする機会は提供されていない。 ・提供されている活動と結果責任がマッチしている。	・活動は、モデルで示されたことのコピーだが、概念を試す機会は提供されない。 ・結果に対する責任は存在しないか、課題に不適切な形になっている。
個々人の弱みをベースにしたニーズを誇張することなく、強みを最大限に引きだすために、二～五人の少人数のグループが目的をもって構成される。	・生徒の習熟度、ニーズ、学んでいる内容、興味関心などによってグループは柔軟に構成されたり、変わったりする。 ・クラスメイトが提供した証	・意図的な異質なメンバーで構成されるグループがつくられる。 ・グループは、生徒の習熟度をベースにつくられる。 ・生徒は、自分の主張を支	・グループは、異質なメンバーで構成されることもあるが、ほとんどは同質のメンバー構成になっている。 ・評価に基づいた判断は見かけない。	・グループは同質の者で構成される。時間の都合が優先されて行われる。 ・責任を伴った話し合いをするためのプロセスは見られない。

説明したり、証拠を示したり、互いに質問しあったり、不愉快な思いをさせない形で異議を唱えたりして、生徒は責任を伴った話し合いをする。	拠や意見を基に、生徒たちはより良い理解や合意に到達する。 ・相互に質問しあったり、説得したり、反対するための証拠を使うことで、生徒たちは互いを責任のある立場に置く。 ・話し合いは互いを尊重しながら、礼儀正しく行われる。	持するために、証拠を尋ね、そして提供する。しかしながら、メンバーの多くは他のメンバーの議論を考慮せずに、自分が最初にもった考えや立場を維持する傾向がある。 ・話し合いは概して互いを尊重しながら行われるが、なかには参加しないメンバーがいる。	・責任を伴った話し合いをするためのプロセスはほとんど見られない。互いのやり取りは限定的で、自分の意見や主張を支持するような努力は最低限しか見られない。 ・話し合いは概して互いを尊重しながら行われるが、一人のメンバーによって独占されている。	・話し合いに集中していなかったり、対立していたり、課題を完成できなかったりと、生徒たちがやるべきことを分かっていないことは明らか。
④ 個別学習				
質を測る指標	**名人　4**	**うまい　3**	**うまくなりつつある　2**	**最低限　1**
課題は、意味があり、関連を感じられ、学習目標の延長線上にある。	・課題は新しい状況や異なる状況で生徒が学んだことを応用する機会を提供している。 ・課題は関連を感じられ、生徒は新しい質問をつくりだしている。	・課題は生徒が学んだことを応用する機会を提供している。	・課題は、学んだことを応用する機会を提供するのではなくて、前の授業を鏡写しにしている。	・課題は指導とはかけ離れている。

表6－3　責任の以降モデルの質を測る指標（続き）

④ 個 別 学 習（続き）				
質を測る指標	**名人　4**	**うまい　3**	**うまくなりつつある　2**	**最低限　1**
生徒の理解を深めたり、強固にしたりするために、教師は明確なフィードバックを提供している。	・フィードバックは、タイミングよく、行動につながり、理解でき、具体的である。 ・生徒は自分の学びを改善したり、修正したりするのにフィードバックを活用している。 ・フィードバックは、使われているプロセスに焦点を当て、自己調整とメタ認知を伸ばすために、巧妙に行われている。	・フィードバックは、タイミングよく、理解でき、具体的である。 ・フィードバックは、使われているプロセスに焦点を当て、自己調整とメタ認知を伸ばすために、巧妙に行われている。 ・フィードバックは個別学習の最後に行われるので、生徒は自分の学びを改善したり、修正したりするのに使えない。	・フィードバックは、タイミングよく、理解できるが、具体性に欠ける。 ・フィードバックは活動についてであり、プロセス、自己調整、メタ認知の視点に欠ける。 ・フィードバックは個別学習の最後に行われるので、生徒は自分の学びを改善したり、修正したりするのに使えない。	・フィードバックは矯正するために行われている。遅かったり、理解できなかったり、曖昧だったりもする。 ・生徒の学びを促進するのに使うには、フィードバックが提供されるのは遅すぎる。
生徒は自分の学びにより多くの責任を負っている。	・生徒は自分の学びを自己評価し、自分の内容についての理解を高めるために次のステップを計画する。	・生徒はたまに自分の学びを自己評価する。それは、あくまでも振り返りとしてであって、行動することは目的にしていない。	・生徒はクラスメイトや教師と自分の学んだことについて話し合うが、自己評価するのは稀である。	・教師はフィードバックを提供するが、生徒が自分の学びを自己評価することはない。

教師が問うべき質問

責任の移行モデルに、どこから取り組みはじめるのかを決めるのは悩ましいことです。以下で紹介する質問は、既存の指導に責任の移行モデルを統合するためのサポートについて考えたものなので、ぜひ参考にしてください。

Q生徒にしてほしい協働的・個別的な学びをモデルで示しているか？

多くの教師は、効果的な協働学習や個別学習は放っておけば何とかなると思っています。しかしながら、具体的に協働的・個別的な学びをどのように進めたらよいのかについて生徒たちにしっかり教えることは、責任の移行モデルを成功させるための要（かなめ）であると私たちは確認しています。

このため、年度（あるいは学期）の最初の二〇日間、生徒たちが協働的・個別的に学べるようにするために一定の時間を費やします。そして、生徒たちがしなければならない課題について「焦点を絞った指導」をします。そのなかには、教室にあるコンピュータの使い方、記憶法[15]の活用の仕方、協働的なグループへの参加の仕方、個別に読んで答える課題の仕上げ方などが含まれます。

こうした活動を紹介したあとは、生徒をグループに分けて練習します。たとえば、二つの協働学習の方法を紹介したらクラスを半分に分け、それぞれのグループに課題を完成させ、終わったら交替して別な方法に取り組んでもらいます。その間、教師は教室を巡回して、観察したり、サポートしたり、やるべき課題に集中できていない生徒に注意を向け直したりします。

新しい協働的・個別的な方法を紹介するたびに、クラスを分けて練習をします。クラス運営やルーティン(16)を含めて主な方法を教え終わったら、次は「教師がガイドする指導」を導入します。生徒たちが協働的・個別的な学びに取り組む準備ができないと、(生徒に邪魔されることなく)教師がガイドする指導をするための時間を確保することが難しいからです。この二〇日間の投資は、その後に何倍にもなって返ってくるのでとても重要となります(17)。

Q生徒が熱中して取り組むのに必要な資料を用意できるか?

この質問は、一人ひとりをいかす教え方と密接に関係しています。生徒が学習内容をしっかり学ぶためには、それを実現するための多様な資料が必要だからです。教科書はよい資料ですが、それのみに限定することはよくありません(18)。教室にあるコンピュータに使い勝手のよいウェブサイトを「お気に入り」に加えたり、学校司書と話して、仕舞い込まれている宝物を見つけたりします。

私たちの学校では、各学年で使える「資料のセット」をつくりました。ラベルを貼って分かりやすくしたうえで所定の場所に保管し、必要に応じていつでも貸出ができる体制になっています。この資料セットはとても人気があります。誰しも、年に一度しか使わない資料のために毎年時間を費やしたくはありません。しかし、すでに用意されているととても重宝します。また、このようなセットがあると新資料を見つけたときに追加することができるので、補充機能も果たします。

セットのなかには、少人数のグループで使うときに便利なように、複数の同じ資料があったほうがよいものもあります。このセットづくりには、小学校では保護者のボランティアを募るとい

---

(15)　七八ページの表３－１の注（★）を参照してください。

(16)　クラス運営とルーティンについては、二五六～二五七ページを参照ください。

(17)　この年度当初の先行投資は、責任の移行モデルと同じように、年間を通してサイクルを回し続ける形で授業が展開するリーディング・ワークショップやライティング・ワークショップの場合と同じです。学年当初の段階で、生徒たちが自立して学べるようになることを念頭に置いて準備をはじめることが重要です。『読書家の時間』の第1章と第2章、『リーディング・ワークショップ』の第10章、『ライティング・ワークショップ』の第3章と第4章を、とくに参考にしてください。

(18)　「ＷＷ便り、科学リテラシー」で検索して関連記事をぜひお読みください。http://wwletter.blogspot.jp/2013/11/blog-post_22.html

うことも考えられます。中学校や高校の場合は、社会貢献活動の一環として生徒たちに取り組ませるとよいでしょう。

Q教師がガイドする指導を行う時間をもっと確保するにはどうしたらいいか？

いまより多くの時間をつくりだすことはできませんが、いまある時間をより効果的に使うことはできます。もっとも役立つ助言を言えば、教えているときではなく、あなたが生徒を管理している時間を見つけだすことです。

たとえば、クラスでビデオを見せているとき、個別学習を監督しているとき、生徒たちが課題を読んでいる様子を見ているとき、机間巡回をしながら生徒たちを静かにさせているとき、などです［**訳者コラム**参照］。

教師の参加を必要としないクラス全体での活動を、生徒たちが協働して取り組める活動として捉えなおすことで、少人数のグループを対象にした「教師がガイドする指導」などに費やす時間を確保することができます。

Q生徒にとって本当に意味のある個別学習を提供するにはどうしたらいいか？

私たちと同じようにクラスの秩序を維持する（生徒たちを静かにさせる）ために、時間潰しの

訳者コラム　教える時間と管理する時間

教師が教える時間と管理する時間を明確にすることはとても大切です。教師が教えていると思い込んでいる時間は、実は管理している時間だということを発見するでしょう。

教師がいなくてもできることをリストアップすれば、このことに気づけます。そして、252ページで紹介しているように、生徒たちだけでできるように教えたり、練習したりすることで、生徒たちは自立した学び手になっていきます。逆に、教師が管理を手放さないと、教師に依存する学び手をつくり出していることになります。教師が管理している時間を教える時間に転換することが、生徒たちの学力向上にとっては最大の方法かもしれません。

学習課題をたくさん課すといった教師には絶対にならないと、あなたも教員養成課程で誓ったことでしょう。

責任の移行モデルのなかで、「個別学習」が重要な位置にあることはすでに強調しました。その一方で、伝統的に個別学習として行われていることの質を検討する必要もあります。教科書の各章の最後にある問題は、生徒たちのやる気を引き出し、熱心に取り組ませるものにはなっていません。

現在は「個別学習」として行われているこれらの練習問題を「協働学習」の段階に移行させるだけで、より楽しく学べるようになります。また同時に、その後の個別学習をより実り多きものにするために、教科で使う言葉やクラスメイトとの会話で必要とされる言葉を使うという機会も提供します。

オーストラリアの研究者たちは、生徒たちが自分の学びを促進する要素を整理してくれています（参考文献100参照）。

自分で見つけたとき――ブルームの思考の六段階[19]の知識と理解の段階に相当する課題をしたとき。

分類するとき――応用と分析の段階に相当する課題をしたとき。

自分の考えを述べたとき――統合と評価の段階に相当する課題をしたとき。

これら六つの段階はすべて大切なものですが、持続的な理解には「統合」と「評価」の二つがもっとも大切だと考えています。もし、個別学習の課題が、「自分で見つけたとき」や「分類するとき」ばかりで、「自分の考えを述べたとき」を排除しているなら、それらの活動を責任の移行モデルにおける他の段階（焦点を絞った指導、教師がガイドする指導、協働学習）に移す必要があるという警告になります。

Qこの教え方を実践するうえで、クラス運営やルーティンにおいて助けになるのは何か？

クラス運営とルーティン[20]は、教師がどんな教え方をしようが、あるいは対象とする生徒たちの年齢層がどうであろうと、とても重要です。たとえば、使ったものを元に戻したり、仕上げた課題を提出したり、助けを求めたりするためのルーティンははっきりと理解されているべきものとなります。責任の移行モデルを実践する教室において、とくに役立つクラス運営とルーティンには次のようなものが含まれます。

・協働学習と教師がガイドする指導の決まった進め方
・クラス全体と少人数グループとの間の移動
・許容範囲内の音のレベルの維持
・使ったものをしまったり、机や椅子を移動したり、宿題を書きだしたりすることを含めた授業の終わり方

---

(19)　ブルームの思考の六段階は、思考力や学び方・教え方を考えるときにもっとも知られている分類です。シカゴ大学の教授だったベンジャミン・ブルームが一九五六年に編集・出版した『Taxnomy of educational objectives（教育目標の分類）』のなかで提示されました。一般的には、「知識」と「理解」は低次の思考力、「応用」「分析」「統合」「評価」は高次の思考力とされています。圧倒的多数（九割以上？）の授業は、いまだに知識レベルだけで行われている可能性があります。詳しくは、『読書がさらに楽しくなるブッククラブ』の七六～八〇ページと、『「考える力」はこうしてつける』の九四～九七ページを参照ください。

(20)　これらは、日々の授業運営を円滑に進めるための「取り決め」ということです。教師があえて指図しなくても、生徒たちが自らできるようにしておくもののことです。

まとめ

責任の移行モデルは、一夜にして実践できるものではありません。しかしながら、時間をかけることによって成功裏に成し得ることが可能となります。責任の移行モデルは、研究と実践で証明済みとなっているほかの方法と補完しあう関係にあります。とくに相性がよいのが以下の三つです。

❶一人ひとりをいかす教え方
❷理解をもたらすカリキュラム設計
❸形成的評価

生徒たちが知っている必要のあるクラス運営とルーティンについては、よく考えてください。また、生徒たちが協働的・個別的に取り組めるようにするために、最初の二〇日間ぐらいは、毎日そのための指導に時間を割いてください。そうすることで、あなたが何の指示を出さなくても何を期待されているのかが生徒たちに分かる状態がつくれるので、「教師がガイドする指導」の導入をとても円滑にすることができます。(21)

最後に、本書を読み終わろうとしているいま現在（希望としては、当然、同僚や知り合いに紹介していただきたいです！）、あなたがどのような学び方をしているのかについてもう一度考えてみていただきたいです。あなたが得意なことと、それがどうしてうまくできるようになったのかを考えみてください。

ご自分の学びにおいても、責任の移行モデルが使われていたことに気づきましたか？　このモデルが、生徒たちにより良い成果をつくり出すことになると思えますか？　その責任はあなたにあります……楽しんでください！

---

(21)　生徒たちが教師から独立した「協働学習」や「個別学習」にかなりの時間を費やされるようになることで教師は、授業時間中にニーズのある生徒を対象にした「教師がガイドする指導」を心配することなくできるようになるのです。これは、教室にいる誰にとってもよいことではないでしょうか。それとも、全員を公平に扱ったほうがよいという考えのもとに、一斉授業をやり続ける選択肢を選び続けますか？

——グループ・プロジェクト入門』北大路書房、2001年
・ジョンストン、ピーター／長田有紀他訳『言葉を選ぶ、授業が変わる』ミネルヴァ書房、2018年３月刊行予定
・ジョンソン、Ｄ・Ｗ・他／石田裕久他訳『学習の輪——学び合いの協同教育入門』二瓶社、2010年
・ダン、ジョン／湯浅信之訳『ジョン・ダン全詩集』名古屋大学出版会、1996年
・デイ、ジェニ他／山元隆春訳『本を読んで語り合うリテラチャー・サークル実践入門』溪水社、2013年
・トムリンソン、キャロル／山崎敬人他訳『ようこそ、一人ひとりをいかす教室へ——「違い」を力に変える学び方・教え方』北大路書房、2017年
・トムリンソン、キャロル他／山元隆春他訳『一人ひとりをいかす評価（仮題）』北大路書房、2018年夏に刊行予定
・トープ、リンダ他／伊藤通子他訳『PBL——学びの可能性をひらく授業づくり』北大路書房、2017年
・フレッチャー、ラルフ他／小坂敦子他訳『ライティング・ワークショップ』新評論、2007年
・プロジェクト・ワークショップ編『読書家の時間』新評論、2014年
・プロジェクト・ワークショップ編『作家の時間』新評論、2008年
・ロススタイン、ダン他／吉田新一郎訳『たった一つを変えるだけ』新評論、2015年
・吉田新一郎『増補版「読む力」はこうしてつける』新評論、2017年
・吉田新一郎『読み聞かせ魔法！』明治図書、2018年春刊行予定
・吉田新一郎『テストだけでは測れない！——人と伸ばす「評価」とは』NHK 生活人新書、2006年
・吉田新一郎『読書がさらに楽しくなるブッククラブ』新評論、2013年

Homework management at the secondary school level. *Journal of Educational Research, 106*, 1-13. Available: http://dx.doi.org/10.1080/00220671.2012.658457

⒀ Zhang, J., & Dougherty Stahl, K. A. (2011). Collaborative reasoning: Languagerich discussions for English learners. *The Reading Teacher, 65*(4), 257-260.Available: http://dx.doi.org/10.1002/TRTR.01040

訳注で紹介した日本語文献リスト（あいうえお順）

・アトウェル、ナンシー／小坂敦子他訳『*In the Middle: A Lifetime of Learnng About Writing, Reading and Adolescents* (third edition)』（邦訳タイトル未定）三省堂、2018年夏予定

・アロンソン、エリオット他／昭和女子大学教育研究会訳『ジグソー法ってなに?――みんなが協同する授業』丸善プラネット、2016年

・アームストロング、トーマス／吉田新一郎訳『マルチ能力が育む子どもの生きる力』小学館、2001年

・ウィルソン、ジェニ他／吉田新一郎訳『「考える力」はこうしてつける』新評論、2004年

・カルキンズ、ルーシー／吉田新一郎他訳『リーディング・ワークショップ』新評論、2010年

・キーン、エリン／山元隆春他訳『理解するってどういうこと？』新曜社、2014年

・ジェイコブズ、ジョージ他／関田一彦監訳『先生のためのアイディアブック――協同学習の基本原則とテクニック』日本協同教育学会、2005年

・シャラン、Ｙ他／石田裕久他訳『「協同」による総合学習の設計

(2012). *Soft skills to pay the bills—Mastering soft skills for workplace success.* Retrieved from http://www.dol.gov/odep/topics/youth/softskills/#.UMzTF4U_zEg（引用は p.8）

⑼ Vatterott, C. (2009). *Rethinking homework: Best practices that support diverse needs.* Alexandria, VA: ASCD.

⑼ Vygotsky, L. S. (1962). *Thought and language.* Cambridge, MA: MIT Press. 邦訳は『思考と言語（ヴィゴツキー／柴田義松訳、新読書社、2001年）です。

⑼ Vygotsky, L. S. (1978). *Mind in society.* Cambridge, MA: Harvard University Press.

⑼ White, E. B. (1948). Death of a pig. *The Atlantic, 81*(1), 28–33.

⑼ Wiggins, G. (1998). *Educative assessment: Designing assessments to inform and improve student performance.* San Francisco: Jossey-Bass.

⑼ Wiggins, G., & McTighe, J. (2005). *Understanding by Design* (2nd ed.). Alexandria, VA: ASCD. 邦訳は、『理解をもたらすカリキュラム設計——「逆向き設計」の理論と方法』（G. ウィギンズ、J. マクタイ／西岡加名恵訳、日本標準、2012年）です。

⑼ Wiliam, D. (2007). Keeping learning on track: Classroom assessment and the regulation of learning. In F. K. Lester Jr. (Ed.), *Second handbook of mathematics teaching and learning* (pp. 1053–1098). Greenwich, CT: Information Age Publishing.

⑽ Wilson, J., & Cutting, L. (2001). *Contracts for independent learning: Engaging students in the middle years.* Melbourne: Curriculum Corporation.

⑽ Wood, D., Bruner, J. S., & Ross, G. (1976). The role of tutoring and problem solving. *Journal of Child Psychology and Psychiatry, 17*, 89–100. Available: http://dx.doi.org/10.1111/j.1469-7610.1976.tb00381.x

⑽ Xu, J., & Wu, H. (2013). Self-regulation of homework behavior:

㊷ Piaget, J. (1952). *The origins of intelligence in children.* New York: Norton. 『知能の誕生』（J. ピアジェ／谷村覚・浜田寿美男訳、ミネルヴァ書房、1978年）かもしれません。

㊸ Popham, W. J. (2008). *Transformative assessment.* Alexandria, VA: ASCD.

㊹ Raphael, T. E., Highfield, K., & Au, K. H. (2006). *QAR now: A powerful and practical framework that develops comprehension and higher-level thinking in all students.* New York: Scholastic.

㊺ Resnick, L. (1995). From aptitude to effort: A new foundation for our schools. *Daedalus, 124*(4), 55–62.

㊻ Resnick, L. B. (2000). Making America smarter. *Education Week, 18*(40), 38–40.

㊼ Rigby. (2004). *Dad* (Rigby PM Collection: PM Starters, No. 1). San Diego, CA: Harcourt.

㊽ Ryan, P. M. (2000). *Esperanza rising.* New York: Scholastic.

㊾ Singer, S. R., Hilton, M. L., & Schweingruber, H. A. (2006). *America's lab report: Investigations in high school science.* Washington, DC: National Research Council.

㊿ Summers, J. J. (2006). Effects of collaborative learning in math on sixth graders' individual goal orientations from a socioconstructivist perspective. *Elementary School Journal, 106*, 273–290.

(91) Tomlinson, C. A., & Imbeau, M. B. (2010). *Leading and managing a differentiated classroom.* Alexandria, VA: ASCD. この本ではありませんが、トムリンソンが過去約20年間出し続けている一人ひとりをいかす教え方に関連する本のなかで、一番最初に出された『ようこそ、一人ひとりをいかす教室へ』（キャロル・トムリンソン／山崎敬人他訳、北大路書房、2017年）が翻訳出版されています。

(92) U.S. Department of Labor Office of Disability Employment Policy.

Council of Chief State School Offi cers. (2010b). *Common Core State Standards for mathematics*. Washington, DC: Author. Retrieved from http://www.corestandards.org/assets/CCSSI_Math%20Standards.pdf（引用は p.4）

⑭ Naylor, P. R. (1991). *Shiloh*. New York: Atheneum.　邦訳は、『シャイローがきた夏』（フィリス・レイノルズ・ネイラー／さくまゆみこ訳、あすなろ書房、2014年）です。

⑮ Oczkus, L. D. (2010). *Reciprocal teaching at work: Powerful strategies and lessons for improving reading comprehension* (2nd ed.). Newark, DE: International Reading Association.

⑯ Osborne, J., & Dillon, J. (2010). How science works: What is the nature of scientific reasoning and what do we know about students' understanding? In J. Osborne & J. Dillon (Eds.), *Good practice in science teaching: What research has to say* (pp. 20–45). Berkshire, England: McGraw-Hill Education.（引用は p.22）

⑰ Palinscar, A. S., & Brown, A. L. (1984). Reciprocal teaching of comprehensionfostering and comprehension-monitoring activities. *Cognition and Instruction, 1*, 117–175. Available: http://dx.doi.org/10.1207/s1532690xci0102_1

⑱ Parker, S. (2005). *Electricity*. New York: DK Publishing.

⑲ Partnership for 21st Century Skills. (2009). *Framework for 21st century learning*. Retrieved from http://www.p21.org/overview/skills-framework（引用は p.4）

⑳ Patrick, H., Bangel, N. J., & Jeon, K. (2005). Reconsidering the issue of cooperative learning with gifted students. *Journal for the Education of the Gifted, 29*(1), 90–108.

㉑ Pearson, P. D., & Gallagher, G. (1983). The gradual release of responsibility model of instruction. *Contemporary Educational Psychology, 8*, 112–123.

mathematics achievement. *American Educational Research Journal, 30*, 328–360. Available: http://dx.doi.org/10.3102/00028312030002328

⑰ McMahon, S. I., Raphael, T. E., Goatley, V. J., & Pardo, L. S. (2007). *The book club connection: Literacy learning and classroom talk.* New York: Teachers College Press.

⑱ Michaels, S., O'Connor, C., & Resnick, L. (2008). Deliberative discourse idealized and realized: Accountable talk in the classroom and in civic life. *Studies in Philosophy and Education, 27*, 283–297. Available: http://dx.doi.org/10.1007/s11217-007-9071-1

⑲ Nathan, M. J., & Petrosino, A. (2003). Expert blind spot among preservice teachers. *American Educational Research Journal, 40*, 905–928. Available: http://dx.doi.org/10.3102/00028312040004905 （引用は p.909）

⑳ National Association of Colleges and Employers. (2012, June). More than half the class had internship/co-op experience. *Spotlight for Career Services Professionals.* Retrieved from http://www.naceweb.org/s06062012/internco-op-experience/?menuID=364&referal=knowledgecenter

㉑ National Council of Teachers of Mathematics. (2000). *Principles and standards for school mathematics.* Retrieved from http://standards.nctm.org/document/chapter2/assess.htm

㉒ National Governors Association Center for Best Practices, Council of Chief State School Offi cers. (2010a). *Common Core State Standards for English language arts & literacy in history/social studies, science, and technical subjects.* Washington, DC: Author. Retrieved from http://www.corestandards.org/assets/CCSSI_ELA%20Standards.pdf （引用は p.22と p.41）

㉓ National Governors Association Center for Best Practices,

org/10.1016/j.learninstruc.2012.05.009

56 Hattie, J. A. C., Brown, G. T., & Keegan, P. (2005). A national teacher-managed, curriculum-based assessment system: Assessment tools for teaching & learning (asTTle). *International Journal of Learning, 10*, 770–778.

57 Hill, J. D., & Flynn, K. M. (2006). *Classroom instruction that works with English language learners*. Alexandria, VA: ASCD.

58 Institute for Learning. (n.d.). *Principles of learning*. Retreived from http://ifl .lrdc.pitt.edu/ifl /index.php/resources

59 International Society for Technology in Education. (2012). *Advancing digital age learning*. Retrieved from http://www.iste.org/standards/nets-for-students（引用は p.2）

60 Johnson, D. W., Johnson, R. T., & Smith, K. (1991). *Active learning: Cooperation in the college classroom*. Edina, MN: Interaction Book Company.

61 Kapur, M. (2008). Productive failure. *Cognition and Instruction, 26*, 379–424. Available: http://dx.doi.org/10.1080/07370000802212669

62 Kellough, R. D., & Kellough, N. G. (1999). *Secondary school teaching: A guide to methods and resources*. Upper Saddle River, NJ: Prentice Hall.（引用は p.418～ p.419）

63 Kesten, C. (1987). *Independent learning*. Regina, Canada: Saskatchewan Education.（引用は、p.15）

64 Krull, K. (2003). *Harvesting hope: The story of Cesar Chavez*. San Diego, CA: Harcourt.

65 Lee, I. (2009). Ten mismatches between teachers' beliefs and written feedback practice. *ELT Journal, 63*(1), 13–22. Available: http://dx.doi.org/10.1093/elt/ccn010（引用は p.18）

66 Mason, D. A., & Good, T. L. (1993). Effects of two-group and whole-class teaching on regrouped elementary students'

matter in academic writing. New York: Norton.（引用は p.10～ p.11）

㊾ Grant, M., Lapp, D., Fisher, D., Johnson, K., & Frey, N. (2012). Purposeful instruction: Mixing up the "I," "we," and "you." *Journal of Adolescent and Adult Literacy, 56*, 45–55. Available: http://dx.doi.org/10.1002/JAAL.00101

㊿ Graves, M. F., & Fitzgerald, J. (2003). Scaffolding reading experiences for multilingual classrooms. In G. G. Garcia (Ed.), *English learners: Reaching the highest level of English literacy* (pp. 96–124). Newark, DE: International Reading Association.（引用は、p.98）

51 Grenier, M., Dyson, B., & Yeaton, P. (2005). Cooperative learning that includes students with disabilities. *Journal of Physical Education, Recreation and Dance, 76*(6), 29–35. Available: http://dx.doi.org/10.1080/07303084.2005.10608264

52 Guzzetti, B. J., Snyder, T. E., Glass, G. V., & Gamas, W. S. (1993). Promoting conceptual change in science: A comparative meta-analysis of instructional interventions from reading education and science education. *Reading Research Quarterly, 28*, 116–159. Available: http://dx.doi.org/10.2307/747886

53 Hattie, J., & Timperley, H. (2007). The power of feedback. *Review of Educational Research, 77*(1), 81–112. Available: http://dx.doi.org/10.3102/003465430298487

54 Hattie, J. A. C. (2009). *Visible learning: A synthesis of over 800 meta-analyses relating to achievement*. New York: Routledge.　これとは違いますが、同じ著者の『学習に何が最も効果的か――メタ分析による学習の可視化（教師編）』（ジョン・ハッティ／原田信之ほか訳、あいり出版、2017年）は邦訳されています。

55 Hattie, J. A. C. (2013). Calibration and confidence: Where to next? *Learning and Instruction, 24*, 62–66. Available: http://dx.doi.

feedback. *Educational Leadership, 70*(1), 42–47.

㊳ Fisher, D., & Frey, N. (2013). *Common Core English language arts in a PLC at work, grades 3–5.* Bloomington, IN: Solution Tree.

㊴ Fisher, D., Frey, N., & Pumpian, I. (2012). *How to create a culture of achievement in your school and classroom.* Alexandria, VA: ASCD.

㊵ Flavell, J. H. (1979). Metacognition and cognitive monitoring: A new area of cognitive-developmental inquiry. *American Psychologist, 34,* 906–911. Available: http://dx.doi.org/10.1037/0003-066X.34.10.906

㊶ Frank, A. (1953). *The diary of a young girl.* New York: Random House. 邦訳は『アンネの日記』（アンネ・フランク／深町真理子訳、文藝春秋社、1986年）

㊷ Frey, N., & Fisher, D. (2011). *The formative assessment action plan: Practical steps to more successful teaching and learning.* Alexandria, VA: ASCD.

㊸ Frey, N., Fisher, D., & Everlove, S. (2009). *Productive group work: How to engage students, build teamwork, and promote understanding.* Alexandria, VA: ASCD.

㊹ Frey, N., Fisher, D., & Gonzalez, A. (2010). *Literacy 2.0: Reading and writing in 21 century classrooms.* Bloomington, IN: Solution Tree.

㊺ Gallant, R. A. (2000). *Comets, asteroids, and meteorites.* New York: Benchmark Books.

㊻ Ganci, C. (2003). *Chief: The life of Peter J. Ganci, a New York City firefighter.* New York: Orchard.

㊼ Gladwell, M. (2008). *Outliers: The story of success.* New York: Little, Brown. 邦訳は、『天才！: 成功する人々の法則』（マルコム・グラッドウェル／勝間和代訳、講談社、2014年）です。

㊽ Graff, G., & Birkenstein, C. (2009). *They say/I say: The moves that*

hinder the development of learners' independence. *Music Educators Journal, 99*(2), 36–41.（引用は、p40）
Available: http://dx.doi.org/10.1177/0027432112458956

㉙ Dweck, C. S. (2010, October). Even geniuses work hard. *Educational Leadership, 68*(2), 16–20. この雑誌記事の邦訳はありませんが、『マインドセット――「やればできる!」の研究』（キャロル・S・ドゥエック／今西康子訳、草思社、2016年）はおすすめです。

㉚ Ericsson, K. A., Krampe, R. T., & Tesch-Rober, C. (1993). The role of deliberate practice in the acquisition of expert performance. *Psychological Review, 100*, 363–406.

㉛ Fisher, D., & Frey, N. (2007a). *Checking for understanding: Formative assessment techniques for your classroom*. Alexandria, VA: ASCD.

㉜ Fisher, D., & Frey, N. (2007b). *Scaffolded writing instruction: Teaching with a gradual-release framework*. New York: Scholastic.

㉝ Fisher, D., & Frey, N. (2008). Homework and the gradual release of responsibility: Making "responsibility" possible. *English Journal, 98*(2), 40–45.

㉞ Fisher, D., & Frey, N. (2012a). Close reading in elementary schools. *The Reading Teacher, 66*, 179–188.

㉟ Fisher, D., & Frey, N. (2012b, February). *Collaborative learning: Ensuring students consolidate understanding* (Engaging the Adolescent Learner). Newark, DE: International Reading Association.

㊱ Fisher, D., & Frey, N. (2012c). *Improving adolescent literacy: Content area strategies at work* (3rd ed.). Upper Saddle River, NJ: Pearson.

㊲ Fisher, D., & Frey, N. (2012d, September). Making time for circles? *Voices from the Middle, 13*(4), 10–15.（引用は p.11）

⑳ Dean, C. B., Hubbell, E. R., Pitler, H., & Stone, B. (2012). *Classroom instruction that works: Research-based strategies for increasing student achievement* (2nded.). Alexandria, VA: ASCD.

㉑ Denenberg, B. (1990). *Stealing home: The story of Jackie Robinson*. New York: Scholastic.

㉒ Derry, S. J., & Murphy, D. A. (1986). Designing systems that train learning ability: From theory to practice. *Review of Educational Research, 56*, 1–39. Available: http://dx.doi.org/10.3102/00346543056001001（引用は p.2）

㉓ Dick, W., Carey, L., & Carey, J. O. (2001). *The systematic design of instruction* (5th ed.). New York: Addison Wesley Longman.（引用は p.25）

㉔ Donovan, M. S., & Bransford, J. D. (2005). *How students learn: History, mathematics, and science in the classroom*. Washington, DC: National Research Council.

㉕ Duffy, G. G. (2009). *Explaining reading: A resource for teaching concepts, skills, and strategies* (2nd ed.). New York: Guilford.（引用は p.50）

㉖ Dufresne, A., & Kobisagawa, A. (1989). Children's spontaneous allocation of study time: Differential and sufficient aspects. *Journal of Experimental Child Psychology, 47*, 274–296. Available: http://dx.doi.org/10.1016/0022-0965(89)90033-7

㉗ Duke, N. K., & Pearson, P. D. (2002). Effective practices for developing reading comprehension. In A. E. Farstup & S. J. Samuels (Eds.), *What research has to say about reading instruction* (3rd ed.) (pp. 205–242). Newark, DE: International Reading Association.（引用は p.211）

㉘ Duke, R. A. (2012). Their own best teachers: How we help and learning. *Assessment in Education, 5*(1), 7–74. Available: http://dx.doi.org/10.1080/0969595980050102

⑩ Bransford, J. D., Brown, A. L., & Cocking, R. R. (Eds.). (2000). *How people learn: Brain, mind, experience, and school.* Washington, DC: National Academy Press. 邦訳は、『授業を変える ――認知心理学のさらなる挑戦』（米国学術研究推進会議編／21世紀の認知心理学を創る会訳、北大路書房、2002年）です。

⑪ Brookfield, S. D. (1995). *Becoming a critically reflective teacher.* San Francisco:Jossey-Bass.（引用は p.19）

⑫ Bruchac, J. (2001). *Sacajawea.* New York: Scholastic.

⑬ Burke, J. (2002). *Tools for thought: Graphic organizers for your classroom.* Portsmouth, NH: Heinemann.

⑭ Cain, S. (2012). *Quiet: The power of introverts in a world that can't stop talking.* New York: Broadway Paperbacks. 邦訳は、『内向型人間の時代――社会を変える静かな人の力』（スーザン・ケイン／古草秀子訳、講談社、2013年）です。

⑮ Choppin, J. (2011). The impact of professional noticing on teachers' adaptations of challenging tasks. *Mathematical Thinking and Learning, 13*(3), 175–197.（引用は p.189と p.195） Available: http://dx.doi.org/10.1080/10986065.2010.495049

⑯ Clay, M. M. (2000). *Running records for classroom teachers.* Portsmouth, NH: Heinemann.

⑰ Cooper, H., Robinson, J., & Patall, E. A. (2006). Does homework improve academic achievement? A synthesis of research, 1987–2003. *Review of Educational Research, 76*(1), 1–62. Available: http://dx.doi.org/10.3102/00346543076001001

⑱ Daniels, H. (2001). *Literature circles: Voice and choice in book clubs and reading groups.* York, ME: Stenhouse.

⑲ Daniels, H. (2006). What's the next big thing with literature

参考文献一覧

① Aldrich, C. (2005). *Learning by doing: A comprehensive guide to simulations, computer games, and pedagogy in e-learning and other educational experiences.* San Francisco: Jossey-Bass.

② Allen, I. E., & Seaman, J. (2011). *Going the distance: Online education in the United States, 2011.* Babson Park, MA: Babson Survey Research Group and Quahog Research Group. Retrieved from http://www.onlinelearningsurvey.com/reports/goingthedistance.pdf

③ Anderson, N. J. (2002, April). *The role of metacognition in second language teaching and learning* (ERIC Digest EDO-FL-01-10). Retrieved from http://www.cal.org/resources/digest/0110anderson.html

④ Angelo, T. A. (1991). Ten easy pieces: Assessing higher learning in four dimensions. *Classroom Research: Early Lessons from Success, 46,* 17–31.

⑤ ASCD Whole Child Initiative. (n.d.). *Whole child tenet #3: Engaged.* Retrieved from http://www.wholechildeducation.org/assets/content/mx-resources/wholechildindicators-engaged.pdf

⑥ Atkin, B. (2000). *Voices from the fields: Children of migrant farmworkers tell their stories.* New York: Little, Brown.

⑦ Bandura, A. (1965). Influence of models' reinforcement contingencies on the acquisition of imitative responses. *Journal of Personality and Social Psychology, 1,* 589–595. Available: http://dx.doi.org/10.1037/h0022070

⑧ Benjamin, A. (2002). *Differentiated instruction: A guide for middle and high school teachers.* Larchmont, NY: Eye on Education.

⑨ Black, P., & Wiliam, D. (1998). Assessment and classroom

訳者紹介

吉田新一郎（よしだ・しんいちろう）

自立した学び手・教え手へのこだわり歴は、1995年ごろにスタートしました。これなしに「主体的、対話的、深い」学びを言った／実践したところで、ほとんど意味がないと思うからです。（自分のしていることは、教師への依存を高めてしまうのか、それとも減らすのかを常に問う必要があると思います！）

自立した学び手・教え手を実現する方法として、これまでライティング・ワークショップ（作家の時間）、リーディング・ワークショップ（読書家の時間）関連の本や『たった一つを変えるだけ』（以上、新評論）、『ようこそ、一人ひとりをいかす教室へ』と『PBL 学びの可能性をひらく授業づくり』（共に北大路書房）などを紹介してきました。そして、本書がその流れに加わる最新の本です。

「学びの責任」は誰にあるのか

「責任の移行モデル」で授業が変わる

2017年11月25日　初版第1刷発行

訳　者　吉　田　新　一　郎

発行者　武　市　一　幸

発行所　株式会社　新　評　論

〒169-0051
東京都新宿区西早稲田3-16-28
http://www.shinhyoron.co.jp

電話　03(3202)7391
FAX　03(3202)5832
振替・00160-1-113487

落丁・乱丁はお取り替えします。
定価はカバーに表示してあります。

印刷　フォレスト
装丁　山田英春
製本　中永製本所

Printed in Japan
ISBN978-4-7948-1080-9

好　評　既　刊

キャシー・タバナー＆カーステン・スィギンズ
吉田新一郎 訳

好奇心のパワー

コミュニケーションが変わる

職場や家庭でのコミュニケーションに悩むすべての現代人に贈る、人間関係と創造性の源となる意思疎通のスタイル指南！

[四六並製　240 頁
2000 円　ISBN978-4-7948-1060-1]

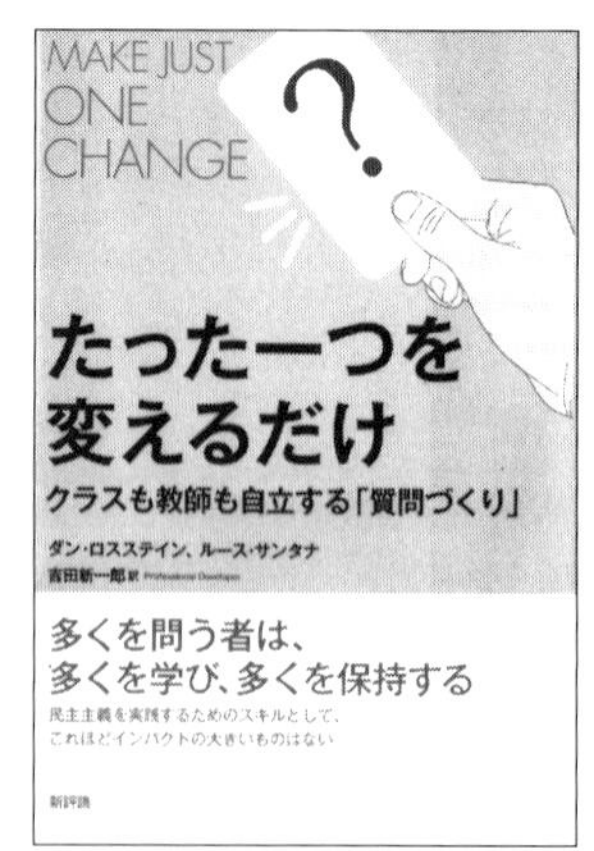

ダン・ロススタイン＋ルース・サンタナ
吉田新一郎 訳

たった一つを変えるだけ

クラスも教師も自立する「質問づくり」

質問をすることは、人間がもっている最も重要な知的ツール。大切な質問づくりのスキルが容易に身につけられる方法を紹介！

[四六並製 292 頁
2400 円　ISBN978-4-7948-1016-8]

＊表示価格はすべて税抜本体価格です